SINN UND EIGENSINN

FRANK OTTO
MIT MELANIE KÖHNE

SINN UND EIGENSINN

Ein Leben zwischen Verantwortung und Rebellion

EDEL
BOOKS

Inhalt

VORWORT

Ungewöhnliche Termine und das Planen innovativer Projekte gehören für mich zum täglichen Geschäft. Entsprechend gelassen bat ich zwei Herren in mein Büro, die mir zwei Jahre zuvor bereits die Mitwirkung an einem TV-Projekt vorgeschlagen hatten: Peter Käfferlein und Olaf Köhne. Ich war skeptisch gespannt, welches Anliegen sie nun hatten. „Gibt es eigentlich eine Biografie über dein Leben?", lautete die Einstiegsfrage in unser Gespräch, als sei es ganz normal, ab einem gewissen Alter so etwas vorweisen zu können. Ich bin schon häufig darauf angesprochen worden, meine Geschichte doch einmal aufzuschreiben. Dazu fehlte mir bislang die Zeit. Das sei alles halb so wild, versicherten mir die beiden und brannten darauf, einen Verlag dafür zu begeistern. Bis hierhin lief also alles ganz normal: Von etwa achtzig Prozent der mir vorgestellten Projekte höre ich nie wieder etwas und von den restlichen zwanzig meist erst nach Jahren, sodass ich für gewöhnlich Mühe habe, mich an das dazu Besprochene zu erinnern. Dieses Projekt hatte von Anfang an eine andere Dynamik. Während einer Geschäftsreise bekam ich das Konzept geschickt, und kaum war ich zurück in Hamburg, erhielt ich die Einladung zu einem Mittagessen, um Stefan Weikert, den Verlagsleiter von Edel Books, kennenzulernen. Ab nun gab es kein Halten mehr, und glücklicherweise noch Vor-Corona-Zeiten besuchte mich Melanie Köhne. Wir verstanden uns auf Anhieb, und so begann ich, ihr meine Geschichte zu erzählen. Während des Pandemie-Lockdowns setzten wir unsere Gespräche per Videokonferenz fort und mit den sinkenden Inzidenzwerten konnten wir uns zur Überarbeitung ihrer Niederschrift wieder gemeinsam an einen Tisch setzen. All den hier Vorgenannten gilt mein ganz besonderer Dank, denn ohne deren Engagement wäre dieses Buch nicht möglich gewesen. Dem Sinn eines indianischen Sprichworts gemäß folgt diesem Vorwort nun der Gang in den „Schuhen eines Anderen“, um ihn zu verstehen. Das ist der unwillkürliche Nebeneffekt einer Biografie. Dabei möchte ich mit meinen kleinen Provokationen unterhalten, dazu anregen, die Lust an einer sich verändernden Welt nachzuempfinden, und davon zeugen, dass am Ende immer alles gut wird.

NIEMAND KOMMT UNBESCHADET AUS SEINER KINDHEIT

Ein Kapitel, das von der Schönheit historischen Kopfsteinpflasters erzählt, von abenteuerlichen Ausflügen in die Kanalisation und denkwürdigen Terminen bei der Fürsorge. Wie schon der Schriftsteller Heimito von Doderer schrieb: „Jeder bekommt seine Kindheit über den Kopf gestülpt wie einen Eimer. Später erst zeigt sich, was darin war. Aber ein ganzes Leben lang rinnt das an uns herunter, da mag einer die Kleider oder auch Kostüme wechseln, wie er will.“

Weit gekommen bin ich in meinem Leben nicht – zumindest geografisch gesehen. Diesen kleinen Scherz erlaube ich mir manchmal, wenn ich über meinen Werdegang erzähle. Meine ersten Kindheitserinnerungen sind fest mit meinem Elternhaus in der Auguststraße im Hamburger Stadtteil Uhlenhorst verwoben, mit der Nähe zur wunderschönen Außenalster und dem idyllisch gelegenen Feenteich. Heute lebe ich nur einen Steinwurf entfernt mit Blick auf eben diesen innerstädtischen Stausee. Nicht einmal einen Kilometer ist mein heutiges Zuhause von meiner Kinderstube entfernt. Meine Kindheitserinnerungen sind vielfältig und reichhaltig, die abseitigsten Dinge haben sich mir eingebrannt. Beispielsweise erinnere ich mich an das Kopfsteinpflaster in der Auguststraße. Jahrzehntelang hatte ich nicht mehr an den historischen Straßenbelag vor unserer Haustür gedacht, bis ich vor Kurzem an einer Baustelle vorbeischlenderte, bei der gerade die Asphaltdecke mühevoll von dem darunter befindlichen Kopfsteinpflaster gekratzt wurde. Wie wohlig mich die Erinnerung an diese alten Steine traf! In Hamburg gibt es heute kaum noch kopfsteingepflasterte Straßen, sie verschwinden mehr und mehr aus dem Stadtbild. Dabei war das alte Kopfsteinpflaster viel besser als sein Ruf. Eine Fahrt darauf war gar nicht so holprig, wie man vielleicht denken mag. Wenn die Steine gut verlegt waren, war die Straße durchaus eben und plan.

Auf den engen Straßen fuhren außerordentlich wuchtige Lkw mit riesigen, langen Motorhauben. In meiner Erinnerung gehören diese Lastwagen genauso zum Stadtbild der 1960er-Jahre wie die Kohlenträger, die regelmäßig die Heizkeller befüllten. Alltägliche Bilder, die für die damalige Zeit typisch waren, die man sich heute aber kaum noch vorstellen kann.

Meine älteste Erinnerung, da muss ich wohl so circa drei Jahre alt gewesen sein, ist der Vollmond auf Ibiza. Bis heute bin ich ein absoluter Nachtschwärmer, was ich immer ein wenig auf diese frühkindliche Prägung zurückführe. Das war die Zeit, in der meine Eltern noch ein Paar waren und wir als Familie in der Auguststraße wohnten. Unsere Wohnung war für damalige Verhältnisse komfortabel und modern. Es gab eine eigene Toilette innerhalb der Wohnung und eine Art Zentralheizung, also einen Kohleofen, der das ganze Haus beheizte. Die Ausstattung der Wohnung konnte sich sehen lassen, sie lag ja auch in einer guten Gegend. Mein Kinderzimmer war mit Disney-Motiven tapeziert, von den Wänden lachten mich Mickey Mouse, Pluto und Konsorten an. Aber das Beste an meinem Zimmer und der gesamten Wohnung war der Blick aus dem Fenster. Wenn ich nach draußen schaute, reichte mein Blick bis zum verwunschen daliegenden Feenteich. Ich möchte behaupten, das ist einer der schönsten Ausblicke, die man in Hamburg überhaupt haben kann. Soweit ich weiß, gibt es keine Fotos aus unserer Wohnung. Es war damals noch nicht üblich und auch nicht ohne Weiteres möglich, von allem und jedem ständig Fotos zu machen. Besaß man eine Kamera, folgte auf die Belichtung der wenigen Bilder einer Filmpatrone das lange Warten auf die Entwicklung im Labor.

Ein Vorgang, der Zeit brauchte, den man angesichts von Smartphones und Tablets schon fast vergessen hat. Überhaupt der technische Fortschritt: Wie die Jugend heute auf cool gestaltete Games abfährt, dieses ganze elektronische Spielzeug, so faszinierte mich als Kind der erste Fernseher. Das Programm wurde damals noch komplett in Schwarz-Weiß ausgestrahlt, anfangs sogar nur von zwei Sendern, und am Ende des Abends war Sendeschluss, dennoch übte das Fernsehen eine enorme Anziehungskraft aus. Lange Zeit hatte ich die Erinnerung an ein riesengroßes Aquarium verdrängt, in das man von der Straße aus blicken konnte. Wenn ich mit meiner Mutter einkaufen ging, stand ich wie gebannt davor und beobachtete fasziniert die Fische darin. Dieses Aquarium gibt es immer noch, wie ich eines Tages entdeckte, als ich den Mühlenkamp entlanglief, wo ich heute wieder wohne. Doch als Erwachsener nimmt man es kaum wahr, weil es so niedrig ist. Aber als Dreikäsehoch schaut man den Fischen direkt in die Augen.

Ich erinnere mich an die Nachbarsgärten, in denen ich mit anderen Kindern spielte. Jedes Mal, wenn ich sah, dass jemand in ein Auto stieg, lief ich hin, stellte mich hinter das Auto und wartete darauf, dass es angelassen wurde. Die Abgaswolke sog ich begierig ein. Ich mochte das Gefühl, mich davon beduseln zu lassen.

Meine zwei älteren Halbgeschwister Ingvild und Michael, aus der ersten Ehe meines Vaters, nahm ich als Kind wiederum kaum wahr. Sie studierten bereits in München, weshalb ich nur wenige Erinnerungen an sie aus meiner frühen

Kindheitsphase habe. Aus den Erzählungen meiner Mutter weiß ich, dass sie uns besuchten und dass wir auch zusammen in Urlaub gefahren sind. Für mich spielten sie damals aber noch keine Rolle, das kam erst später. Im Grunde fühlte ich mich wie ein Einzelkind. Mein Vater war damals schon beruflich stark eingespannt, weshalb gemeinsame Aktivitäten immer etwas Besonderes waren. Ich erinnere mich beispielsweise noch gut an unser jährliches Laternelaufen, in katholisch geprägten Regionen als Sankt-Martins-Umzug bekannt; in Hamburg ist es eher ein von Personen losgelöster herbstlicher Brauch, bei dem die Kinder nach Anbruch der Dunkelheit singend und ihre Laternen schwenkend durch die Straßen ziehen. Das war eine der seltenen Gelegenheiten, bei denen mein Vater dabei war.

Dann kam der Umzug nach Hochkamp und für mich begann ein anderes Leben. Hochkamp ist ein großbürgerliches Villenviertel in den Hamburger Elbvororten, das geprägt ist von großen Grundstücken und ausschließlicher Einzelhausbebauung. Im Norden grenzt das Viertel an Osdorf, einen sehr heterogenen Stadtteil mit einer großen Plattenbausiedlung. Und das war auch der Einzugsbereich meiner Grundschule, was sie für mich sehr interessant machte. Es gingen sowohl Kinder aus Hochkamp als auch aus Osdorf auf die Schule, die daher damals schon ein wenig multikulti und durch große soziale Unterschiede geprägt war. Die Schüler aus Osdorf kamen in der Regel aus Arbeiterfamilien und die aus Hochkamp fast alle aus sehr wohlhabenden

Familien, mit Kindermädchen und allem, was dazugehörte. Die sozialen Gegensätze zwischen den Mitschülern waren mir auch damals schon, als Grundschüler, ziemlich bewusst. Es gibt dieses Lied von Franz Josef Degenhardt: *Spiel nicht mit den Schmuddelkindern.* Diesen Satz hörte ich häufig – und zwar als ernst gemeinte Mahnung, ohne jegliche Ironie, die bei Degenhardt mitschwingt. Meine Grundschullehrerin allerdings, die ich sehr schätzte, machte – soweit ich mich erinnere – keinen Unterschied zwischen den Kindern. Jedenfalls ist mir nichts dergleichen aufgefallen. Diejenigen, die Ressentiments schürten und keinen Hehl aus ihren Vorurteilen machten, waren eher meine Kindermädchen, die, weil sie in einem „besseren Haus" angestellt waren, sich selbst für etwas Besseres hielten. Ich hingegen fand die sogenannten Schlüsselkinder viel interessanter, weil sie viel mehr Freiheiten hatten als ich und ihr Tagesablauf auch nicht so reglementiert war wie meiner.

Als ich nach Hochkamp kam, hatten sich meine Eltern bereits getrennt. In meiner Erinnerung war meine Mutter irgendwann einfach nicht mehr in meiner Welt und ich allein mit meinem Papa. Unbewusst vermisste ich meine Mutter zweifellos, aber damals dachte ich nicht weiter darüber nach. Als Kind nimmt man die Dinge, wie sie sind; man kennt ja die Alternativen nicht. Ich richtete mich in meinem neuen Leben ein. Obwohl ich bei meinem Vater lebte, bekam ich ihn nur selten zu Gesicht, weil er gerade dabei war, sein Unternehmen aufzubauen. Meist sah ich ihn nur beim Spazierengehen am Wochenende, nur ganz selten aßen wir gemeinsam zu Abend, weil er abends eigentlich immer lang arbeitete. Um mich kümmerten sich Angestellte meines Vaters, die mir natürlich irgendwann vertraut waren, aber auch immer wieder wechselten. Und zudem waren das natürlich alles andere als ausgebildete Pädagogen, sondern einfach Leute, die einen Job gesucht hatten. Leicht hatten sie es mit mir nicht. Ständig machte ich Dinge, die artige Kinder eigentlich nicht machen. Wobei das nichts damit zu tun hatte, dass ich meine Betreuer ärgern oder vergraulen wollte.

Damals gab es bei uns etliche Kinderbanden und ich war der Anführer einer solchen Bande. Es kommt mir im Rückblick so vor, als hätte ich das meinem besten Freund zu verdanken gehabt, der mich vermutlich in diese Rolle hineindrängte. Jedenfalls kann ich mich nicht erinnern, dass ich jemals danach gestrebt hätte, Bandenchef zu sein. Aber außer Zweifel steht, dass es etwas Wildes in meinem Wesen gab, das ließ sich kaum leugnen. Wir machten wahrlich eine Menge Unsinn, für den ich regelmäßig zur Rechenschaft gezogen wurde. Einmal bin ich mit einem Floß auf der Elbe erwischt worden. Eines meiner Kindermädchen hatte mich auf dem Weg zur Arbeit auf dem Wasser entdeckt. Das war mein Pech und brachte mir ordentlich Ärger ein. Zwar konnte ich schon schwimmen – das hatte mir unser Hausmeister beigebracht –, aber natürlich hatte ich keine Vorstellung davon, wie gefährlich die Elbe war. Unbekümmert, wie Kinder halt sind, ließ ich unser Floß zu Wasser. Glücklicherweise passierte nie etwas. Ich kletterte auf Bäume und fiel hinunter. Ich buddelte Erdhöhlen und krabbelte hinein. Ich fuhr mit meinem Fahrrad allein durch den alten Elbtunnel, nur um zu sehen, wie es auf der anderen Seite aussieht. Einmal brach ich mit meinem Kettcar in einen zugefrorenen Teich ein. Es gab da eine schöne Abfahrt, die man ordentlich Schuss fahren konnte. Unten angekommen rutschte man aufs Eis, wo man den Lenker verreißen konnte, um prima ins Schleudern zu geraten. Ein herrlicher Spaß! Irgendwann fuhr ich zu weit auf den Teich hinaus, wo das Eis zu dünn war. Ich brach samt Kettcar ein, doch es gelang mir, selbst wieder herauszukommen und sogar mein Gefährt herauszuziehen, und weiter ging es. Nach Hause traute ich mich, tropfnass, wie ich war, erst einmal sowieso nicht. Damals wurde den Kindern einfach gesagt: „Geht raus, spielen!" Das war natürlich toll, wir fühlten uns unabhängig und frei. Als Kind nimmt man die Dinge, wie sie kommen, alles ist ein Abenteuer. Aus heutiger Perspektive denkt man: „Oh Gott, was da alles hätte passieren können!"

Baustellen hatten damals eine magische Anziehungskraft auf uns Kinder. Wir fanden es spannend und aufregend, heimlich die Rohbauten zu besichtigen, die aussahen wie aus der Erde ragende Stahlgerippe. Das Elbe-Einkaufszentrum befand sich gerade im Bau, ebenso wie der Osdorfer Born, eine der großen Hamburger Hochhaussiedlungen. Die Bauarbeiter damals waren größtenteils entspannt und pfiffen uns Jungen nicht immer gleich zurück, sodass wir einige Erkundungstouren auf den Baustellen machten. Als

Kind wusste ich nicht, dass damals überall noch irgendwelche Blindgänger aus dem Krieg herumlagen. Das war also auch nicht ungefährlich. Auf unseren Touren kamen wir an einem Neubaugebiet vorbei, aus dem ein Stückchen Kanalisation in die dort fließende Düpenau führte. Wenn man in das Ende der Steinröhre hineinschaute, sah man am Ende einen Totenkopf leuchten! Das war natürlich ziemlich aufregend und machte alle Mitglieder unserer Bande sehr nervös. Der Totenkopf war aber sehr weit weg, und wir wussten, wir schaffen es nicht allein, die Kanalisation zu erkunden. Wir brauchten also Hilfe … Für die geplante Expedition mussten wir uns mit der etwas größeren und stärkeren Bande verbünden, weshalb wir zunächst einen Waffenstillstand schlossen und dann in Verhandlungen eintraten. Die Verhandlungen waren natürlich mein Job; das war geradezu ein diplomatischer Akt. Am Ende aber stand der Erkundung der Kanalisation nichts mehr im Wege. Es kam der Tag der Expedition – und plötzlich wollte man mich nicht zum Spielen rauslassen. Meine Freunde waren dankenswerterweise so schlau und kamen immer einzeln zu unserem Haus. Einer nach dem anderen klingelte an der Tür und fragte: „Kann Frank rauskommen zum Spielen?“ Irgendwann war mein Kindermädchen so entnervt, dass sie mich gehen ließ. Aber als ich mir die Gummistiefel anziehen wollte, kam sie und stellte mir meine Sandalen hin. „Die ziehst du an. Es ist Sommer!“ Ich konnte ihr ja schlecht sagen, was wir vorhatten. So war ich der einzige Idiot, der dann mit Sandalen in der Kanalisation herumlief … Der Totenkopf entpuppte sich übrigens als das Licht, das durch einen Gullydeckel in das Kanalrohr fiel. Es gab also eine ganz schnöde und ernüchternde Erklärung für das Gesehene. Aber die Vorbereitungen für das Abenteuer waren das eigentlich Spannende. Dass ich anschließend mit nassen Füßen nach Hause kam, hat niemanden wirklich interessiert.

Eine Geschichte aus meiner Grundschulzeit ist mir bis heute in besonders unangenehmer Erinnerung. Eines Tages bekamen wir einen neuen Mitschüler, den Sohn eines Schauspielers. Nur weil er neu war, hatte ich mich mit ihm gleich in der Wolle. Einen anderen Grund gab es nicht, zumindest erinnere ich mich an keinen. Irgendwie packte ich dabei so unglücklich zu, dass ich ihm den Arm brach. Mit eingegipstem Arm kam er am nächsten Tag wieder in die Schule und ich musste mich bei ihm entschuldigen gehen. Für mich war das der Gang nach Canossa. Ich hatte große Angst, richtig Ärger zu bekommen. Glücklicherweise war alles halb so schlimm, denn der Vater des Jungen war sehr verständnisvoll. Das war der Beginn einer echten Freundschaft.

Unsere familiäre Situation war für damalige Verhältnisse ziemlich ungewöhnlich: Als sich meine Eltern scheiden ließen, überließ meine Mutter meinem Vater das Sorgerecht für mich. Sie legte sehr viel Wert darauf, nicht „schuldig geschieden“ zu sein, wie es damals hieß. Also wurde so verhandelt, dass mein Vater das alleinige Sorgerecht erhielt und meiner Mutter nicht die Schuld am Scheitern ihrer Ehe zugesprochen wurde. Das war der Deal. Nach der Scheidung zog meine Mutter nach Ibiza und ließ mich hier in Hamburg bei meinem Vater zurück. Ibiza war damals ein Eldorado für Aussteiger, eine Hippiehochburg; Pink Floyd und andere Künstler lebten auf der Insel oder waren zumindest für eine längere Zeit dort. Es war ein inspirierender Ort, von dem meine Mutter, die damals noch sehr jung war, total fasziniert war. Auf Ibiza lernte sie später ihren nächsten Mann kennen, der zufälligerweise auch Hamburger war. Und so kam es, dass sie eines Tages mit ihm zurückkehrte – in meine Heimatstadt und damit auch wieder in mein Leben.

Als meine Mutter sich ums Besuchsrecht bemühte, wurde mir zum ersten Mal richtig bewusst, dass ich ein Scheidungskind war. Plötzlich fing die Trennung meiner Eltern an, mich zu beeinflussen und zu einem Problem für mich zu werden. Ich erinnere mich an Termine bei der Fürsorge, die mich als kleinen Steppke von sechs oder sieben Jahren stark verunsicherten. Mein Vater saß im Vorzimmer, während ich fremden Menschen Fragen zu unserer Familie beantworten musste. Er fragte mich hinterher nervös: „Was haben die gesagt? Was wollten sie wissen?"

Meiner Mutter wurde das Besuchsrecht gewährt, sodass ich fortan einmal in der Woche bei ihr und ihrem neuen Mann zu Besuch war. Es gab diesen Fall damals noch nicht so oft. Wenn man so will, war unsere Familie sehr modern, der Zeit etwas voraus. Das hieß auch, dass es keine entsprechenden Vorbilder gab, an denen man sich hätte orientieren können, doch alle Beteiligten strengten sich an, um aus der Situation das Beste zu machen. Auch mein Vater heiratete erneut und wenig später wurde meine kleine Schwester Katharina geboren. Meine Mutter nannte ich „Mama“ und meine Stiefmutter „Mutti“. Erst später auf dem Internat begann ich, mir über meine Rolle in unserer Familienkonstellation grundsätzliche Gedanken zu machen.

Dass ich aufs Internat gehen sollte, wurde ohne mich entschieden, und erst mal schien es für mich auch eine gute Lösung zu sein. Als Kind war ich an solchen Entscheidungen nicht beteiligt. Ich hatte keine Ahnung, was sich die Erwachsenen so für Gedanken machten. Das war aber nichts Besonderes, denn damals wurde generell noch nicht so offen mit den Kindern gesprochen, wie das heute der Fall ist. Damals wurde man nicht gefragt, Punkt. Bevor ich auf mein erstes Internat kam, ging ich allerdings noch ein halbes Jahr lang in Blankenese aufs Gymnasium. Ich erwähne das deshalb, weil sich hier im Kunstunterricht etwas ereignete, das mich nachhaltig prägte.

Wir sollten einen Baum malen, möglichst naturalistisch. Ich zeichnete zunächst die Äste, um darüber ein Krickelkrakel an grüner Farbe zu legen. Meine Mitschüler hatten versucht, penibel jedes Blatt zu zeichnen, ihre Bäume sahen aus wie große Blumen, die Proportionen stimmten nicht. Mein Baum hingegen wirkte wie ein Baum. Dass nicht jedes Blatt ausgeführt war, war kein Mangel, der Geist erfasste die entsprechenden Informationen und ergänzte sie.

Damals war mir das gar nicht bewusst, aber ich hatte die gestellte Aufgabe intuitiv gelöst und die beabsichtigte Wirkung erzielt. Für mich war ab diesem Zeitpunkt klar, dass ich in Zukunft im Fach Kunst nicht schlechter als Eins stehen durfte. Als ich später auf meinem letzten Internat von meinem Kunstlehrer eine Drei im Zeugnis bekam, machte mich das so wütend, dass ich alles daransetzte, eine zusätzliche Gelegenheit zu bekommen, meine Note zu verbessern. Und tatsächlich erhielt ich eine Chance, die mich privilegierte, die mich dazu brachte, extrem viel zu malen, und die meine Entscheidung reifen ließ, Kunst zu studieren.

RENITENZ ALS REAKTION

Wie man es schafft, auf den Gefühlen von Lehrern Geige zu spielen, hochkant von drei Internaten geworfen zu werden und trotzdem seinen Weg zu finden. Frei nach dem Dichter Robert Frost: „Im Wald zwei Wege boten sich mir dar, ich ging den, der weniger betreten war. Dies veränderte mein Leben."

Als zehnjähriger Junge schien ich nicht anders als all die anderen Kinder in meinem Alter zu sein. Mit 50 Pfennig Taschengeld pro Woche unterschieden sich meine finanziellen Möglichkeiten nicht von denen meiner Freunde. Und auch sonst empfand ich keine Unterschiede. Allerdings war da etwas in mir, dass das Nervenkostüm meiner Umwelt extrem strapazierte. Meine Grundhaltung lässt sich als uneinsichtig, trotzig, renitent beschreiben. Der Umgang mit mir war alles andere als leicht. Natürlich habe ich mich oft gefragt, woher dieser eigensinnige Charakter stammte. Ich denke, jedes Kind, das ältere Geschwister hat, das nicht erstgeboren ist, muss irgendeinen Weg finden, um die Aufmerksamkeit auf sich zu lenken. In meinem Fall war es die Renitenz. Die Reaktion, die ich damit erzeugte, war dann sozusagen der Moment, in dem ich mich gesehen fühlte. Vielleicht lockte meinen Vater die vermutet qualitativ hochwertige Ausbildung auf einem Internat, vielleicht sollte auch nur mein ausgeprägter Charakter ein wenig gebändigt werden. Auf jeden Fall gehörte eine Internatsausbildung zum „guten Ton“, sodass ich mit zehn Jahren auf mein erstes Internat in Carlsburg kam. Kaum dort angekommen, bemerkte ich, dass in meinem Fall doch irgendetwas anders sein musste als bei den anderen Jungen in meiner Klasse. Hatte ich beispielsweise in Mathe ein Problem und konnte die Aufgaben nicht lösen, hörte ich von meinem Lehrer: „Das bist du deinem Vater schuldig.“ Als Kind fragte ich mich, wieso ich meinem Vater etwas schuldig sei. Und für den Jungen, der neben mir saß, galt das nicht? Wenn du der Einzige bist, zu dem in der Klasse solch ein Satz gesagt wird, dann weißt du, dass es irgendeinen Unterschied zu den anderen wohl geben muss. Anfänglich konnte ich das gar nicht einordnen, aber nach und nach sah ich meinen Vater mit anderen Augen. Für mich war er zunächst einfach nur mein Vater, so wie andere Kinder auch einen Vater haben. Aber irgendwann begann ich, ihn durch die Brille dieser Leute zu sehen – und in ihrer Wahrnehmung spiegelte sich ein überaus großer Respekt wider. Die Prominenz meines Vaters überhöhte ihn in den Augen anderer. Er hatte ohne Zweifel etwas geleistet. Aus seinem nach Kriegsende gegründeten Versandhandel für Schuhe machte er eines der größten Versandhäuser der Welt. Die Geschichte eines wahren Selfmademannes, die unter anderem in dem Mitte der 1990er-Jahre erschienenen Buch *Kapitäne des Kapitals* eindrucksvoll dokumentiert wurde, in dem zwanzig große Unternehmerpersönlichkeiten vorgestellt wurden. Keine Frage: Mein Vater war ein Macher. Er brachte es durch Tatkraft zum Erfolg und nicht aufgrund einer besonders guten Ausbildung oder anderen womöglich privilegierten Voraussetzungen. Er war einfach eine Persönlichkeit. Natürlich gab es auf dem Internat viele Kinder aus gut situierten Familien, aber mein Vater war mehr als gut situiert. Und er hatte diese gewisse Aura. Aber dass das alles zwangsläufig auf mich kleinen Jungen abfärben sollte, dass ich zweifellos ein Mathegenie sein musste, das überforderte mich und ließ mich innerlich dichtmachen. Im Vergleich zu heute war es damals mit der pädagogischen Kompetenz der

Lehrkräfte nicht immer weit her. War jemand gut in Mathematik, unterrichtete er es. Die Frage, ob er das auch vermitteln konnte, wurde eher nicht gestellt. Und das bekam ich zu spüren. Ich wehrte mich gegen die unterschiedliche Behandlung, aber die räumliche Distanz zu meiner Familie und der durch andere Menschen gefilterte Blick auf meinen Vater führten dazu, dass ich für mich irgendwann eine gewisse Sonderstellung akzeptierte. Und noch eines erkannte ich während meiner Internatszeit: Auch andere Mitschüler wurden von der Lebensleistung ihrer Väter geradezu erdrückt. Sie sagten sich sehr häufig, dass sie niemals erreichen würden, was ihr Vater im Leben erreicht hatte. Diese Erkenntnis machte sie klein und kraftlos. Wer so fühlt, hat schon verloren. Viele Kinder von großen Persönlichkeiten stecken in diesem Dilemma. Für mich stand fest, dass ich niemals nur Erbe sein wollte. Mit meiner Familie hatte ich mein Päckchen zu tragen, aber das führte bei mir dazu, dass ich einen eigenen Weg für mich suchte, wodurch die Verbindung zu meinem Vater nicht direkt hergestellt werden konnte und das zwangsläufige Messen an ihm unterblieb. Ein Weg, der zeigte, ich bin Frank – und nicht nur der Sohn von Werner. Zuerst war das eine ganz unbewusste Entscheidung, aber später wurden mir ihre Hintergründe immer klarer. So kam ich zum Malen, das niemand mit meinem Vater verband. Zwar war er interessiert an Kunst und fasziniert von den deutschen Expressionisten, aber er griff ja nicht selbst zum Pinsel. Da wurde keine Verbindung zwischen mir und ihm hergestellt, was mich sehr bestärkte, in diese Richtung weiterzugehen.

Als ich auf mein erstes Internat kam, neigten sich die 1960er-Jahre langsam ihrem Ende zu und Deutschland war erheblich in Aufruhr. Das Ende des Zweiten Weltkriegs hatte zu einer Hinterfragung der Autoritäten geführt; die junge Generation traute niemandem über dreißig, der sich nicht aktiv gegen faschistisches Gedankengut gewandt hatte. Neue Lebensentwürfe und andere politische Haltungen rüttelten am bürgerlichen Establishment. Flower-Power und freie Liebe waren in aller Munde. Frauen bekamen durch den Minirock die Möglichkeit zum Provozieren, die Männer durch ihre langen Haare. Generationen prallten aufeinander, die Studentenbewegung formierte sich, Krawalle waren an der Tagesordnung. Auch in der Musik lag etwas Aufrührerisches, im Internat war Musikhören strikt verboten. Die Disziplin sollte unter allen Umständen aufrechterhalten bleiben. Natürlich hörten wir trotzdem heimlich Musik und waren voll im Bilde. Ich mochte psychedelische Musik, vor allem Pink Floyd, aber auch härtere Rockmusik. Wie heute auch besaß Musik einen sehr hohen Stellenwert. Es war die Zeit, in der man einem neuen Album seiner Lieblingsband monatelang entgegenfieberte. Sicher förderte das Verbot auf dem Internat zusätzlich den Reiz. Schon in meiner Grundschulzeit hörte ich gern Musik. Was ich damals mit den Beatles für Reaktionen bei den Erwachsenen hervorrufen konnte – wunderbar! Mein Vater allerdings ließ sich durch Musik nicht provozieren, er hatte nichts gegen moderne Musik, diesbezüglich unterschied er sich von den meisten Erwachsenen. Dementsprechend hatte er auch nichts dagegen, als ich Gitarre lernen wollte. Er schenkte mir sogar eine – tatsächlich bestellte er sie aus dem Otto-Katalog, so wie er nahezu alles aus seinem Unternehmen bezog. Allerdings war diese Gitarre ein Kinderspielzeug. Richtige Musikinstrumente waren damals bei Otto natürlich nicht zu bekommen. Als ich diese Spielzeuggitarre zum Musikunterricht mitbrachte, meinte der Gitarrenlehrer trocken, darauf könne er mich nicht unterrichten. Ich nutzte die Gitarre schließlich als Bongo, und so begann – ungewollt und ausgelöst durch meinen Vater – meine Karriere als Schlagzeuger.

Mit Übergang in die siebte Klasse musste ich eine neue Fremdsprache lernen. Schon im Vorfeld hatte ich meinem Vater zu verstehen gegeben, dass ich unbedingt eine lebendige Sprache lernen wollte, nämlich Französisch. Doch er hatte diesen Wunsch nicht verstanden und mich einfach auf dieses Internat geschickt. Hier hatte ich keine Wahl, hier war Latein die zweite Fremdsprache – basta. Und so kam es zu meiner wirklich sehr unglücklichen Einführung in das Fach Latein. Unser Lehrbuch fing mit den Worten „rusticus laborat" an, der Bauer arbeitet. Auf Seite zwei hieß der Bauer plötzlich „agricola". Ich meldete mich und fragte den Lehrer, warum der Bauer zunächst männlich und dann weiblich sei, obwohl augenscheinlich nicht die Bäuerin gemeint war. Beinahe hätte ich mir eine eingefangen! Mein Lateinlehrer empfand diese Frage als eine Unverschämtheit und pure Provokation, dabei wollte ich nur die Logik dieser Sprache – us-Deklination gleich männlich, a-Deklination gleich weiblich – hinterfragen. Alle behaupteten immer, Latein sei eine vollkommen logische Sprache, doch gleich zu Beginn gab es da diesen Fall, den ich einfach nicht nachvollziehen konnte. Ab diesem Zeitpunkt stand für mich fest, dass Latein keine logische Sprache sein konnte, wenn sich schon eine so einfache Frage nicht beantworten ließ. Jegliches Auf-mich-Einreden war fortan sinnlos. Für Latein hatte ich bis zum Ende meiner ganzen Schulzeit nichts übrig. Und es kostete mich Mühe, mich jedes Jahr auf eine Fünf zu retten, um überhaupt versetzt zu werden. Dieser Krampf und meine Null-Bock-Haltung gegenüber dem kasernierten und durchstrukturierten Leben führten zu meinem ersten Internatswechsel, der in der Tat noch ein Wechsel und kein Rauswurf war. Ich kam auf ein neues Internat, weil ich darum gebeten hatte, eine andere Schule besuchen zu dürfen, damit ich andere Fächer belegen konnte. Weil mein Vater erkannte, wie unwohl ich mich in Carlsburg fühlte, und weil er dachte, für mich wäre ein anderes Curriculum passender, gab er meinem Wunsch endlich nach. Im Grunde kam der Wechsel ein Jahr zu spät, denn nun fiel er genau in meine beginnende Pubertät, in der mein Selbstbewusstsein allmählich erwachte. Zuvor war ich vermutlich noch zu jung, als dass man mir meine kleinen Abenteuer hätte ankreiden wollen. Da war meine Kindheit der starke Fürsprecher, der mich erklärte. Beispielsweise hatte ich während meiner Internatszeit eine Erdhöhle gebaut. Zwar hatte ich einen Kamin eingeplant, der glücklicherweise auch zog, aber das hätte natürlich ziemlich schiefgehen können. Als die Erzieher von der Erdhöhle erfuhren, bekamen sie einen riesigen Schreck. Ihre Reaktion war weniger von Wut als vielmehr von der Angst geprägt, dass ich dort lebendig begraben hätte werden können. Sie wollten mich schützen. Ärger bekam ich trotzdem!

Mit dem Beginn meiner Zeit in Sankt Peter-Ording wurde ich mit anderen Augen gesehen. Inzwischen war ich ein Teenager und musste für alles, was ich tat, geradestehen. Auf dieses Internat ging ich dann auch nur ein Jahr, bevor ich das erste Mal von einer Schule flog. Ich war miserabel in der Schule, schlich ständig nachts aus dem Haus und traf mich mit irgendwelchen Freunden. In Sankt Peter-Ording gestaltete sich das Internatsleben ein wenig anders als in Carlsburg. Hier gingen auch externe Schüler zur Schule, weshalb das Internat weniger eine geschlossene Gesellschaft darstellte. Auch das soziale Milieu sah anders aus. Viele Kinder waren staatlicherseits untergebracht worden, was bedeutete, dass sie aus prekären familiären Verhältnissen stammten und die Fürsorge veranlasst hatte, dass sie dort auf die Schule gingen. Das Internat hatte also etwas von einem Heim. In den 1990er-Jahren war ich noch einmal mit einem Kamerateam dort. Ich fand ganz vieles noch so, wie ich es in Erinnerung hatte. Die Mitglieder des Kamerateams sahen sich aufmerksam um und meinten später, auf sie habe das Haus wie ein Gefängnis gewirkt. Ihnen waren die abmontierten Fenstergriffe aufgefallen. Als Kind hatte ich das gar nicht wahrgenommen. Aber vielleicht hatte es sich unbewusst wie Eingesperrtsein angefühlt. Im Nachhinein finde ich die Beobachtung bemerkenswert.

Damals gab es auf der einen Seite noch etliche Lehrer vom alten Schlag, die mit ihren schweren Schlüsselbunden nach Schülern warfen, auf der anderen Seite aber auch schon die Referendare von den Universitäten, für die körperliche Züchtigung tabu war. Für die einen war ich der schwer erziehbare, für die anderen ein durchaus interessierter Schüler mit wachem Geist. Nur leider waren erstere während meiner Schulzeit noch in der Überzahl. Prügelstrafe war damals noch gang und gäbe. Ich erinnere mich an Lehrer, die zunächst alle Lineale einsammelten und auf ihr Pult legten. Daneben kam der Schlüsselbund. Erst wurden die Lineale verfeuert, und wenn die alle weg waren, kam schließlich der Schlüsselbund geflogen. In Sankt Peter-Ording geschah folgende denkwürdige Geschichte. Ich erinnere gar nicht mehr, worum es genau ging, auf jeden Fall wurde ich vom Heimleiter gerufen. Dieser war deutscher Amateurmeister im Boxen, was allseits bekannt war. Ich hielt mich in meinem Zimmer im ersten Stock auf, das das letzte auf dem Gang war. So bekam ich erst sehr spät mit, dass ich gerufen wurde. Fast alle Schüler hatten sich schon im Treppenhaus versammelt, neugierig, weshalb ich herbeizitiert wurde. Der Heimleiter stand unten am Treppenabsatz. Ich stieg die Treppe hinunter und blieb intuitiv auf der vorletzten Stufe stehen. Der Leiter holte ohne ein Wort aus und versuchte, mich zu schlagen – ob mit einem Faustschlag oder einer Ohrfeige, erinnere ich gar nicht mehr. Allerdings traf er mich nicht richtig; vielleicht weil ich ein wenig erhöht stand. Ich ging also nicht zu Boden, sondern stand vor ihm und fragte nur: „Und nun?" Da machte er auf dem Absatz kehrt, ging schnurstracks in sein Büro und schloss sich dort ein. Ab diesem Zeitpunkt war ich der Held für die ganze Schülerschaft! Und plötzlich spürte ich, dass ich ihm gegenüber so etwas wie Macht besaß. Er wusste natürlich, wenn ich das jetzt meinem Vater erzählen würde, müsste er Konsequenzen fürchten. Inzwischen war die Prügelstrafe zumindest offiziell abgeschafft, doch in den Köpfen so mancher Lehrer war das noch nicht angekommen. Warum ich von ihm überhaupt gerufen worden war, habe ich übrigens nie herausbekommen. Keine Ahnung, was ich da ausgefressen haben sollte oder was es mir vorzuwerfen gab. Kein Wunder, dass sich unser Verhältnis danach auch nicht mehr verbesserte. Dieser Vorfall hatte die Verhältnisse umgekehrt; das wusste ich, und er wusste es auch. Wenig später flog ich dann von diesem Internat – eigentlich auch nur aufgrund einer Uneinsichtigkeit von mir.

Ich hatte einen nächtlichen Ausflug gemacht. Das war weder der erste noch der letzte gewesen. Eigentlich waren wir mit ganz vielen Jungs verabredet, allerdings schafften es nur der Sohn eines Einzelhändlers aus der Gegend und ich zum vereinbarten Treffpunkt. Wir hatten zuvor ein kleines Lager in den Dünen angelegt und dort Alkohol gebunkert. Wir genehmigten uns was davon und gingen später noch in die im Ort gelegene Disco, tranken dort auch noch ein Bierchen, bis der Besitzer uns entdeckte und rausschmiss, weil wir erkennbar minderjährig waren. Wir hatten gerade erst ein paar Schlucke von unserem Bier getrunken, weshalb wir den Rausschmiss als äußerst ungerecht empfanden. Erst unser Geld nehmen und uns dann rausschmeißen! Um uns dafür zu rächen, pinkelten wir ihm vor die Tür, was ihn wiederum veranlasste, die Polizei zu verständigen. Wir zogen marodierend durch den Ort bis zu einer Baustelle, die wir zu einer kleinen Straßensperre umbauten. Der Bäcker, der zu der Zeit bereits in seiner Backstube stand und uns beobachtete, konnte uns später leider detailliert beschreiben. Unser Weg führte weiter zu einem der Mädchenhäuser, bei dem ein Fenster offenstand. Als wir durch das Fenster einstiegen, um in den Gang der Mädchen zu gelangen, merkten wir, dass es das Zimmer der Heimleiterin war, die natürlich aufwachte. Wir schlugen uns so schnell wir konnten in die Büsche. Am nächsten Morgen war bald klar, wen die Polizei suchte: einen Jungen mit langen blonden Haaren. Und der war nicht allzu schwer zu finden. Ich erhielt Stubenarrest. Mein Vater war gerade auf Geschäftsreise in Lateinamerika und unerreichbar. Es gab damals ja noch keine Handys. Der Leiter meines Hauses, Herr Schop, war ratlos und zögerte, welches Strafmaß angemessen sei. Meine Reaktion war trotzig: „Wenn Sie mir nicht sagen können, wie lang meine Strafe genau sein soll, dann trete ich sie nicht an!" Ich hielt mich also nicht an den verhängten Hausarrest. Das war der Tropfen, der das Fass zum Überlaufen brachte. Jetzt war klar, dass ich meine Sachen packen musste.

Es gab noch eine letzte bemerkenswerte Szene mit Herrn Schop, der den Auftrag hatte, mich zum Zug zu bringen.

Auf dem Bahnsteig wollte er mir zum Abschied die Hand reichen, aber ich drückte ihm stattdessen meinen Koffer in die Hand, stieg in den Waggon und ließ mir den Koffer reichen. Ich suchte mir einen Fensterplatz, wo er mich gut sehen konnte. Damals gab es noch Raucherabteile in der Bahn, wobei ich als Vierzehnjähriger eigentlich nicht rauchen durfte, aber generell war Rauchen dort gestattet. In aller Ruhe drehte ich mir eine Zigarette und zündete sie genüsslich an. Als sich der Zug in Bewegung setzte, saß ich rauchend und winkend in meinem Sitz, fühlte mich stark und wunderbar. Seit der Zeit in Sankt Peter-Ording rauche ich. Im Prinzip durchgängig. Natürlich versuchte ich auch mal, damit aufzuhören, aber es klappte nicht – und mittlerweile weiß ich auch warum: Ich bin positiv konditioniert aufs Rauchen. Wenn in der Schule mal wieder ein Langstreckenlauf angesagt war, war ich – neben vielleicht zwei dicken Klassenkameraden, die noch langsamer waren – der Langsamste meiner Klasse. Anfangs war es kaum zu merken, aber als ich begann zu rauchen, wurden plötzlich meine Laufzeiten besser. Bei den Bundesjugendspielen lief ich plötzlich auf der Langstrecke ungewöhnlich gute Zeiten. Mein Sportlehrer kam damals zu mir und sagte mir auf den Kopf zu: „Du rauchst!" Rauchen war auf dem Internat natürlich streng verboten, weshalb ich das bestritt. Und dann sagte er, es gebe keine andere Erklärung dafür, wie ich sonst das richtige Atmen gelernt hätte. Und in der Tat war ich immer kurzatmig gewesen. Das war der Grund, warum ich auf der Langstrecke so schnell schlappmachte.

Ich hechelte. Durchs Rauchen atmete ich plötzlich tiefer ein und wurde deshalb auf der Langstecke immer besser. Später war ich sogar der drittschnellste Läufer der Schule. Für mich war das Rauchen damit definitiv positiv besetzt. Zur Erinnerung: „Für eine Camel lauf ich meilenweit“ … Man muss dabei bedenken, dass das Rauchen damals bei Weitem noch nicht so kritisch gesehen wurde wie heute.

Ich wurde von der Internatsleitung zu meiner Mutter geschickt, bei der gerade eine Operation anstand. Daher war ich nur zwei Tage bei ihr, bevor ich anschließend zu meinem großen Bruder Michael ging, was ich sehr cool fand! Dort überbrückte ich die Zeit, bis mein Vater von seiner Geschäftsreise zurückkam. Das Beste daran war die Musik. Ich hörte die ganze Zeit Musik, denn Michael hatte eine unglaubliche Plattensammlung. Ich hörte alles durch, was er in seinem Schrank stehen hatte. Ich hatte einen regelrechten Hunger nach Musik! Schnell kristallisierten sich meine Favoriten heraus, die ich dann ständig auflegte. Später bekam ich von Michael regelmäßig Platten zum Geburtstag oder zu Weihnachten geschenkt, zum Beispiel das gleichnamige Album von Blood, Sweat & Tears, einer amerikanischen Jazzrockband, die 1970 einen Grammy für das „Album des Jahres“ erhielt. Das zeigte mir: „Michael sieht mich, er nimmt mich wahr!“ Diese kurze gemeinsame Zeit verbindet uns bis heute.

Rückblickend fühle ich mich aufgrund meiner Zeiten in den Internaten der Familie weniger verbunden. Ich habe es immer so gesehen, dass ich zwar ein Teil der Familie, aber außerhalb von ihr aufgewachsen bin. Natürlich erlebte ich als Kind auch Momente, in denen mir die Trennung von den Eltern, von der Familie schwerfiel. Als es konkret darum ging, mit Latein zu starten, konnte ich darüber mit niemandem sprechen. Stattdessen schrieb ich Briefe, auf die nicht immer zeitnah und nicht immer passend zu meinen Fragen geantwortet wurde. Vor allen Dingen habe ich meine Mutter vermisst – so wie sie mich. Eine Mutter, die man nie richtig gehabt hat, bleibt immer eine Sehnsucht, irgendwo, irgendwie. Als Kind meinte ich so manches Mal, ihre Stimme in bestimmten Popsongs, in irgendwelchen Backgroundchören heraushören zu können, obwohl sie ja gar keine Sängerin war. Solche Dinge bildete ich mir ein. Auf der anderen Seite musste ich auf den Internaten zwangsläufig früh selbstständig werden, was ich als Heranwachsender sehr reizvoll fand. Ich kann bis heute nicht sagen, welches Modell ich favorisieren würde, hätte ich die Wahl gehabt. Da ich nicht weiß, wie es ist, ganz normal im Elternhaus aufzuwachsen, habe ich ja auch keinen echten Vergleich. Meine beiden jüngeren Geschwister, Katharina und Alexander, gingen später auch auf Internate, allerdings waren sie nicht ganz so jung wie ich, als sie dorthin kamen. Und zudem war das auch schon wieder eine ganz andere Zeit. Die Oetker-Entführung Mitte der 1970er-Jahre hatte nicht nur für großes Aufsehen gesorgt, sondern führte auch dazu, dass es vielen Wirtschaftskapitänen ratsam erschien, ihre Kinder im Ausland zur Schule gehen zu lassen. Fakt bleibt die Distanz zu meiner Familie. Weil es keinen gemeinsamen Küchentisch gab und nicht die normalerweise dort stattfindenden Gespräche, ist der Zusammenhalt in unserer Familie vermutlich auch nicht vergleichbar mit anderen. Im Grunde macht jeder von uns Geschwistern sein eigenes Ding. Viele Jahre lang sahen wir uns nur zu Weihnachten und zu besonderen Anlässen, wie dem Geburtstag meines Vaters. Da sind wir dann immer alle zusammengekommen. Für meine ältere Schwester Ingvild hatte ich immer ein besonderes Faible, weil sie als Galeristin in der Kunstszene unterwegs war und mit vielen interessanten Leuten zu tun hatte. Es war für mich als Kind natürlich ungemein faszinierend und inspirierend, das Treiben der Künstlerszene mitzuerleben! Ich empfand das alles als extrem frei, extrem spannend, extrem neu – es lag einfach ein Gefühl der Veränderung in der Luft. Die Welt wurde plötzlich bunt statt grau. Und dieser Spirit hinterließ einen enormen Eindruck bei mir.

Der Umgang mit meinem Vater blieb distanziert, aber respektvoll, wobei er sich sehr wohl auch für mich einsetzte. Als ich vom Internat flog, machte er mir keine Vorwürfe. Er selbst hatte während seiner Schulzeit Ärger mit den Paukern und konnte sich in meine Lage hineinversetzen. Er hatte eine klare Meinung zu dem Thema: „Wozu zahle ich so viel Geld an die Pädagogen, wenn die mit meinem Sohn nicht klarkommen?“ Mein Vater war ein Mensch, der es gewohnt war, zu entscheiden und zu bestimmen. Und er hatte hohe Erwartungen – insbesondere ans Personal. Seine Bediensteten hatten zu funktionieren, und taten sie das nicht, war das für ihn eindeutig ein Zeichen von Schwäche. Er betrachtete auch die Lehrer an den Internaten als sein Personal, und was er von ihnen hielt, ließ er sie deutlich spüren. Im Vergleich dazu ließ er mir gegenüber eindeutig Milde walten.

Mein nächtlicher Ausflug in Sankt Peter-Ording hatte noch ein juristisches Nachspiel. Da ich minderjährig war, wurde ich zum Laubharken verurteilt, das ich auf dem nächsten Internat ableisten durfte. Das dritte Internat war wieder das erste, denn ich kam zurück nach Carlsburg. Die Lehrer dort hatten es nicht leichter mit mir als die in Sankt Peter-Ording. Einer von ihnen, der Musiklehrer, der mir als Mentor zugeteilt war, machte damals paramilitärische Spiele mit uns. Er besaß einen Borgward-Geländewagen aus alten Militärbeständen, an dem wir regelmäßig schrauben durften. Wir fuhren auch gemeinsam in den Wald, bauten dort eine Kote und ernährten uns von dem, was die Natur hergab. Das fand ich alles unheimlich aufregend. Und dann kam ich eines Tages mit einem T-Shirt zur Schule, das meine Mutter mir geschenkt hatte und auf dem „Faites l'amour – pas la guerre" stand, also „Macht Liebe – keinen Krieg". Plötzlich durfte ich nicht mehr auf seinen Sitzgelegenheiten Platz nehmen, sondern musste mich in die Mitte setzen, die anderen Schüler um mich herum. Er sagte, dass die Sitzgelegenheiten alles Waffenkisten seien, auf denen kein Hippie zu sitzen habe. So tickte er.

Mir gefiel die Definition von Hippie – love, peace and happiness! Im Rahmen einer Sprachreise war ich in den

Sommerferien in England gewesen und hatte dort Einblicke in die unterschiedlichen Gruppierungen der Jugendkultur erhalten: Mods, Rocker, Skins – und eben Hippies. Ich fühlte mich Letzteren zugehörig und zeigte das auch demonstrativ auf dem Internat. Meine Mutter mit ihrer Ibizaerfahrung betrachtete sich auch als eine Art Hippie. Dieser Love-and-Peace-Spirit wurde immer mehr zu meiner Weltanschauung. Ich zweifelte an vielen scheinbar unabänderlichen Gegebenheiten und fragte: Wäre es nicht schön, wenn alle Menschen nett zueinander wären? Und wieso ist das so schwierig? Mit dieser neuen Sicht auf die Dinge sagte ich mich gleichzeitig vom christlichen Glauben los. Obwohl ich religiös erzogen wurde, spürte ich zu jener Zeit nicht das, was religiöse Menschen spüren. Mich überzeugte der christliche Glaube nicht mehr. Stattdessen faszinierte mich die Vorstellung, dass alle Menschen irgendwie miteinander kommunizieren könnten, dass alle eins wären. Anstatt an Gott glaubte ich daran, mit allen Menschen verbunden zu sein. So sah ich jetzt auf die Welt, wie ein Hippie eben.

Und ganz dem Slogan „make love, not war“ folgend hatte ich inzwischen auch ein verstärktes Interesse am anderen Geschlecht entwickelt. Der Umgang mit Mädchen war mir durch meine Zeit in Sankt Peter-Ording bereits vertraut, schließlich war dies schon ein koedukatives Internat. Und auch in Carlsburg gab es inzwischen die ersten Mädchen, da sich das Prinzip der gemeinsamen Erziehung von Mädchen und Jungen mehr und mehr durchsetzte. Um es kurz zu machen: Mein zweites Gastspiel in Carlsburg war nur von kurzer Dauer. Nach nur wenigen Monaten war schon wieder alles vorbei und auch dieses Mal war es meine Schuld. Mein Mentor hatte bemerkt, dass ich nicht in meinem Bett lag, und mir aufgelauert. Ich dachte, ich hätte einen raffinierten Weg gefunden, um aus dem Internat ausbüxen zu können, aber ganz so raffiniert war er wohl nicht. Als ich durch das Toilettenfenster wieder einstieg und die WC-Tür aufstieß, machte es *bang* und das Licht ging an! Eben jener Lehrer hatte auf den Schalter gedrückt und somit meinem nächtlichen Abenteuer ein jähes Ende bereitet. Erstmals in der Geschichte dieses Internats wurde einem Mädchen der Schulpullover entzogen. Für mich bedeutete das Auffliegen unseres gemeinsamen Ausflugs das Ende an dieser Schule, weil ich als Junge nach dem Urteil der Erzieherkonferenz derjenige gewesen war, der das Mädchen dazu verführt hatte, sich nachts im Park zu treffen. Die Konferenz hatte in den Ferien getagt und beschlossen, dass ich nicht wiederzukommen bräuchte. Zwei Erzieher hatten mir noch eine Chance geben wollen, der Rest nicht. Die hatten zweifellos alle Panik. Ein Junge und ein Mädchen allein nachts im Park! Das bedeutete nicht zuletzt auch jede Menge Ärger und Stress für die Lehrkräfte. Dabei waren doch all diese kleinen Abenteuer, diese pubertären Geschichten vollkommen normal. Wer wollte einem Teenager wirklich verdenken, dass er sich nachts allein mit einem Mädchen im Park treffen wollte?

Meine Vorstellung vom kindlichen Zusammenleben war geprägt von Enid Blytons *Fünf Freunde*-Büchern; so stellte ich mir auch das Internatsleben vor. Es zeigte sich aber schnell, dass diese Vorstellung mit der Realität wenig gemein hatte. Und trotzdem versuchte ich immer das Beste aus der Zeit an den Internaten zu machen. Mein drittes und letztes in Stein an der Traun war eine alte Ritterburg, in der es noch einige unterirdische Gänge gab und die meiner verklärten Vorstellung von einem Internat sicher am nächsten kam. Trotzdem wurde ich auch hier nicht glücklich. Dass ich den Erziehern gegenüber sehr kritisch eingestellt war, bereitete mir – oh Wunder – auch in diesem Internat Probleme. Natürlich gab es auch Lehrer, die ich mochte, aber viele fand ich einfach hinterfotzig. Und die habe ich dann auch bis aufs Blut provoziert. Und so hatte ich natürlich ständig Ärger mit denen. Im Rückblick würde ich sagen, diese Lehrer waren paranoid. Sie hatten pure Angst – Angst vor Rebellion, vor Drogen, vor dem eigenen Versagen. Viele von ihnen kannten nichts anderes als diese autoritären Strukturen mit ihren schon damals umstrittenen Durchsetzungsmethoden. Als ihnen die Prügelstrafe genommen wurde, wurden einige geradezu hilflos und hatten Angst, ihre Autorität zu verlieren, womit sie nicht zurechtkamen. Und auf genau diesen Gefühlen spielte ich virtuos Geige. Ich wusste, wie ich diese Lehrer zur Weißglut bringen konnte, ohne dass sie mir etwas anhaben konnten. Das war für mich schon so etwas wie ein Hobby. Für die war ich ein echt harter Brocken, so renitent wie ich war. Es muss allerdings auch gesagt werden, dass es nicht viel brauchte, um sie zu provozieren. Mein damals bester

Freund flog von diesem Internat, weil er bei der Morgenandacht gegrinst hatte …

Bevor man von der Schule flog, wurde man gefragt, ob man nicht vielleicht mit der Schule kooperieren und so den Rauswurf abwenden wolle. Das war ein äußerst perfides System, das natürlich nur diejenigen durchschauten, denen der Rauswurf drohte. So wie mir eines Tages. Damals war ich Klassensprecher und wurde während der Unterrichtszeit aus der Klasse gerufen. Das war erst einmal nichts Ungewöhnliches, allerdings sollte ich nicht zum Schulleiter kommen, sondern zum Heimleiter. Das hingegen war schon sehr ungewöhnlich. Er erhob eine unglaubliche Anschuldigung gegen mich. Angeblich hatte ich mich mit einem ehemals externen Schüler getroffen, um von ihm Drogen zu kaufen. Getroffen hatte ich diesen Jungen tatsächlich, aber nur, weil ich mit ihm befreundet war. Der war auch kein Dealer – jedenfalls hat er nie versucht, mir irgendetwas zu verkaufen. Doch meine Version der Geschichte interessierte den Heimleiter herzlich wenig. Die Panik vor Drogen an seiner Schule war so groß, dass er sich von mir wichtige Informationen erhoffte. Irgendwie sollte ich mit dieser Drogengeschichte weichgekocht werden, denn anschließend offerierte mir der Heimleiter ein Spitzelangebot. Natürlich ging ich nicht darauf ein und flog zum dritten Mal von der Schule. Im Nachhinein wurde mir auch klar, warum ich wirklich rausgeworfen wurde. Wie schon auf dem Internat in Sankt Peter-Ording hatte ich mich nachts mit einem der Mädchen getroffen, wobei ich mich hier heimlich in den Mädchentrakt geschlichen hatte. Zwar wurde ich dieses Mal nicht von einem Lehrer entdeckt, aber in dem Zimmer, in dem ich das Mädchen besuchte, wohnte ein zweites, dem ebenfalls schon mal der Rausschmiss gedroht hatte. Ganz offensichtlich hatte sie sich auf den Spitzeldeal eingelassen und mich verpetzt. Meine Mitschüler wurden wenig später darüber unterrichtet, dass mein nächtlicher Ausflug der Beschaffung von Drogen gedient habe und dass das der Grund meines Rausschmisses gewesen sei. Ich sollte als warnendes und abschreckendes Beispiel herhalten.

Aus der Clique, der ich damals angehörte, war ich der Vorletzte, der von der Schule flog. Wie gesagt, es reichte das Grinsen in der Morgenandacht, das der Heimleiter in seiner Drogenparanoia als glückseliges Kifferlächeln interpretiert hatte …

Meinen Schulabschluss machte ich letztendlich in Hamburg. Mit siebzehneinhalb ging ich nach meinem letzten Internatsrauswurf auf eine Art Crashkursschule, die Institut Dr. Ahrens hieß. An dieser Privatschule machte ich in einem halben Jahr meine Mittlere Reife. Nach kurzer Überlegung, das Abitur vielleicht doch noch dranzuhängen, entschied ich mich aber, zur Kunsthochschule zu gehen. Diese Entscheidung hatte sich schon auf dem letzten Internat abgezeichnet. In meinem ersten Zeugnis an der neuen Schule sollte ich eine Drei in Kunst bekommen, obwohl ich gar keinen Kunstunterricht gehabt hatte. Das war für mich nicht einzusehen. Für mich war die Sache klar: „Also entweder ist an dieser Stelle in meinem Zeugnis ein Strich oder aber eine Eins! Sie können es sich aussuchen." Weil ich nicht lockerließ und mit der Angelegenheit allen auf die Nerven ging, wurde mir gestattet, eine Kunstmappe anzufertigen und vorzulegen, die zu einer Korrektur der Note führen könne. Die Schule kämpfte damals um ihre staatliche Anerkennung, und der Kunstlehrer nahm gerade an einem Weiterbildungskurs teil, um seine Zulassung als staatlich anerkannter Kunstlehrer zu erlangen. Es gab also einen ganz konkreten Grund, warum kurzzeitig kein Kunstunterricht stattfand. Daher nahm man mich und meinen Protest auch nicht auf die leichte Schulter.

Dem Vorschlag, eine Mappe vorzulegen, stimmte ich gerne zu, allerdings war ich in einem Vierbettzimmer untergebracht. „Wie soll ich denn da malen?", fragte ich vorwurfsvoll. Daraufhin wurde mir ein kleiner Materialraum zur Verfügung gestellt, der an eines der Klassenzimmer angrenzte. Nun konnte ich jeden Tag an meinen Bildern arbeiten. Ich malte sehr viele surrealistische Bilder, zum Beispiel meinen Lateinlehrer als Schlange. Das konnte nicht beanstandet werden, es war ja ein surrealistisches Bild … Dann erstellte ich eine Porträtserie von meiner Freundin im Stil von Andy Warhol, immer das gleiche Porträt, in Blau, Grün, Rot. All die großen Popstars der Malerei, die damals Eindruck auf mich machten, ahmte ich nach. Viele Inspirationen kamen von Plattencovern. Ich malte auch sexualisierte Bilder, weil mich das als Heranwachsender gerade beschäftigte. Irgendwann legte ich also meine Mappe vor – und bekam eine Eins!

Dieses Privileg, einen Materialraum allein für mich nutzen zu dürfen, blieb mir über die Zeugnisvergabe hinaus erhalten. Damit hatte ich auf jeden Fall eine Sonderstellung in der Schule, was mir sehr gefiel. Missgunst oder Neid meiner Mitschüler spürte ich nicht, denn die Malerei betraf ja nur mich. Eigentlich war es eher andersherum. Die Kunst eröffnete mir die Freiheit, frech sein zu dürfen, ohne Konsequenzen fürchten zu müssen, eine Freiheit, für die ich von meinen Mitschülern Applaus bekam: „Der Frank traut sich was und kann nicht dafür belangt werden."

So verbrachte ich immer mehr Zeit damit, mich im Malen zu üben. Da entwickelte sich ein echtes Interesse bei mir, und langsam entstand der Wunsch, nach der Schule Kunst zu studieren. Die Lehrer erkannten, dass es sinnvoll war, mich zu fördern. Vielleicht dachten sie auch nur, solange der Junge malt, hängt er nicht irgendwo herum und baut Scheiße. In den Augen der Lehrer jedenfalls machte ich etwas Anständiges. Außerdem sahen sie sicherlich auch Fortschritte in meiner Entwicklung, weshalb sie mich unterstützten.

Heute habe ich das Gefühl, als hätte ich in meinem Leben immer nur reagiert. Alles, was ich tat, war im Grunde stets eine Reaktion auf etwas. Nie war es so, dass ich selbst gewusst hätte, welchen Weg ich nehmen soll, sondern es wurde mein Weg, weil ich auf irgendeinen Umstand reagierte. Im Rückblick sehe ich das so, aber als junger Mensch macht man sich so etwas nicht bewusst. Mein Interesse an Musik entstand durch das Verbot auf dem Internat, womit ich ihr eine besondere Bedeutung beimaß. Für mich lag die Schlussfolgerung nahe: Wenn das Hören von Musik verboten ist, dann muss Musik etwas ganz Mächtiges sein, etwas Weltbewegendes! Ähnlich war es mit der Kunst. Weil ich keine Drei im Zeugnis akzeptieren wollte, beschäftigte ich mich immer mehr mit der Malerei. Viele meiner Reaktionen zeugten von Trotz und meinem mangelnden Respekt gegenüber Autoritätspersonen. Am Ende aber entsprachen sie doch sehr meinem Selbst. In Ermangelung von Modellen malte ich wenig später sehr viele Selbstporträts für meine Bewerbungsmappe für die Kunsthochschule. Und in diesen Selbstporträts drückte sich stets eine Art Einverstandensein mit mir selbst aus. Das beruhigende Gefühl, dass bis hierhin alles gar nicht so schlecht verlaufen war.

SEX, DRUGS UND STIPPVISITE IM FAMILIENUNTER-NEHMEN

„Wer in die Fußstapfen anderer tritt, hinterlässt keine eigenen Spuren", wusste schon Wilhelm Busch. Ein guter Grund, althergebrachte gesellschaftliche Konventionen über Bord zu werfen, oder aber auch, sich vom väterlichen Erwartungsdruck zu befreien.

Über meinen weiteren Weg nach der Mittleren Reife war ich mir völlig im Klaren: Ich würde an der Kunsthochschule aufgenommen und dort zu einem respektablen Maler ausgebildet werden. Leider lief es dann doch etwas anders. Auf meine Bewerbung an der Kunsthochschule hin wurde ich erst einmal nicht dort aufgenommen. Weshalb mein Vater mich dann in sein Versandhaus holte. Er war der Meinung, ich müsste mir das Unternehmen mal von innen ansehen – und er duldete in dieser Angelegenheit absolut keinen Widerspruch. Sein einziges Zugeständnis an mich war die Abteilung, in die ich reinschnuppern sollte: Wo ich mich doch so für Kunst interessierte, würde die Marketingabteilung doch prima passen! Als ich dort meine Arbeit antrat, stand ich dem Ganzen nicht einmal besonders skeptisch gegenüber. Dementsprechend gut liefen die ersten drei Tage. Es gab einen kleinen Innenhof, in dem sich vor allem die Raucher regelmäßig trafen, zu denen ich gehörte, und ich genoss meine kleinen Pausen dort. Am vierten Tag stieß ich zu der gleichen Gruppe von Leuten, mit denen ich schon die vergangenen Tage geraucht und geplaudert hatte – und plötzlich verstummten alle Gespräche. An diesem Tag hatte es nun auch der Letzte mitbekommen, dass ich der Sohn vom Chef war. Schlagartig begriff ich, dass es mit mir im Unternehmen meines Vaters nichts werden konnte. Außerdem war Michael damals bereits Chef des Einkaufs, und es bestand kein Zweifel daran, dass er eine Karriere im Familienunternehmen anstreben und in den Vorstand gehen würde. Was sollte ich da also noch?

Damals war die Fernsehserie *Dallas* gerade sehr erfolgreich. Ein Bobby Ewing wollte ich nicht werden …

Glücklicherweise gibt es bei Otto die Gleitzeit. In den vier Wochen, die ich dort arbeitete, führte ich sehr viele Bewerbungsgespräche und hatte am Ende des Monats eine Ausbildungsstelle am Hamburger Museum für Kunst und Gewerbe sicher. Hier wurde ich zum Restaurator für Papier und Grafik ausgebildet, mit allem, was das auch finanziell für einen Auszubildenden bedeutete. Mit 360 Mark Ausbildungsvergütung und etwas Taschengeld von meiner Mutter finanzierte ich mein Leben in einer WG im Hamburger Schanzenviertel. Wenn das Geld nicht reichte, gab es ab Monatsmitte eben nur noch Haferflocken zu essen. Am Ende meiner Ausbildung wurde ich zum Direktor gerufen, der mir tatsächlich anbot: „Frank, wir sind sehr zufrieden mit deiner Arbeit. Möchtest du nicht die Werkstatt übernehmen?" Dieses Angebot war für mein Selbstwertgefühl ungeheuer wichtig. Es tat gut zu wissen, dass ich mit meiner Hände Arbeit Geld verdienen konnte und nicht auf die Unterstützung meines Vaters angewiesen war. Ich konnte mich zu Recht unabhängig fühlen. Dennoch wollte ich unbedingt Kunst studieren. Und endlich bekam ich auch den erhofften Studienplatz an der Muthesius-Kunsthochschule in Kiel. Ich kam in die Meisterklasse von Harald Duwe, einem der bedeutendsten realistischen Maler seiner Zeit. Er sagte immer: „Hier lernt ihr das Malen, Kunst machen könnt ihr später!" Der Zwist zwischen der abstrakten und der gegenständlichen Kunst bestand bereits seit

Anfang des Jahrhunderts und war gerade noch mal richtig aufgeflammt. Das war ein regelrechter Glaubenskrieg, der auch von Duwe geführt wurde. Er verwies zum Beispiel mal einen der Studenten der Klasse wegen Malens und Zurschaustellung eines surrealistischen Bildes, woraufhin ich mir kurzerhand meine Staffelei schnappte und mit ihr – wie es meine Art war – ebenfalls auf den Flur zog. Ich mochte solche Spielchen nicht und hatte gleichzeitig keine Angst vor dieser Reibung. Als Duwe dann aber die gesamte Klasse bat, eine Ausstellung von Arnulf Rainer zu besuchen, ausschließlich, um über dessen Kunst zu lästern, platzte mir der Kragen. Ohne mich dort zu immatrikulieren, wechselte ich an die Hamburger Hochschule für bildende Künste und belegte dort Kurse. Erst kürzlich erfuhr ich, dass mich die HfbK sogar als Alumni führt, obwohl ich dort nie eingeschrieben war … Hier steppte der Bär jedenfalls andersherum. Gegenständliche Malerei wurde als Fotojournalismus verspottet, und es gab Veranstaltungen, bei denen Dozenten und Studenten herumtobten und sich gegenseitig anschrien. Gegenständlich hieß hier politisch, sozialistisch und nicht frei. Dem einen dogmatischen Spießer grad entronnen, konnte ich nicht einfach ins andere engstirnige Lager wechseln. Zeitgleich entwickelte sich aber auch ein erzählfreudiger, unbekümmerter Neoexpressionismus voll freizügiger Selbstbekenntnisse, dem ich viel abgewinnen konnte: die Neuen Wilden. Deren Demontage des traditionellen Kunstverständnisses konnte ich problemlos folgen.

Harald Duwe verunglückte am 15. Juni 1984 tödlich bei einem Verkehrsunfall. Nach der Trauerfeier unterhielt ich mich mit meinen ehemaligen Kommilitonen und erfuhr, dass mein Weggehen aus Kiel Duwe einigermaßen getroffen habe, sei ich doch im Grunde sein Protegé gewesen. Solch einer Verbindung zu ihm war ich mir nie bewusst gewesen, aber aus später Einsicht und als Wiedergutmachung verfasste ich inzwischen einen Wikipedia-Eintrag über ihn.

Seit meinen Internatszeiten begleitet mich das weibliche Geschlecht. Im Grunde war ich bislang in meinem Leben noch nie Single. Eine Beziehung folgte der nächsten und manchmal lief sogar etwas parallel. Und mehr noch: Seit damals lebe ich – ohne Ausnahme – in den unterschiedlichsten Wohngemeinschaften. Schon immer bin ich gern in Gesellschaft gewesen und schätze es, mit Menschen zusammen zu sein. Selbst heute wohnen noch Freunde von mir mit unter meinem Dach. Mir war Privatsphäre nie besonders wichtig, weil ich es einfach nicht anders kannte. In den Mehrbettzimmern der Internate gab es keine Privatsphäre. Jeder bekam alles mit und man musste sich dafür nicht schämen. Das hat mich sehr geprägt. Mir ist egal, was die Nachbarn hören oder sehen. Jeder ist, wie er ist. Wer soll darüber urteilen? Und warum? Später musste ich das Verständnis für das Bedürfnis nach Privatsphäre regelrecht erlernen, weil das etwas war, das für meine Partnerinnen durchaus wichtig war. Keine Frage: Das hat natürlich damit zu tun, wie man aufwächst.

Die junge Frau, die ich als meine Jugendliebe betrachte, lernte ich auf meinem letzten Internat kennen. Julia kam aus Berlin, und selbst nachdem sie von der Schule abgegangen war, hielt unsere Beziehung noch ziemlich lang. Wir führten ein ähnliches Leben, hatten die gleichen politischen Ansichten und Interessen und engagierten uns für die gleichen Dinge. Jedes Mal wenn wir uns wiedersahen, hatten wir uns viel zu erzählen und stellten immer wieder fest, wie parallel unsere Leben doch verliefen. Was uns immer wieder aufs Neue erstaunte.

Nach Julia kam Eva. Eigentlich hatte ich mir nicht vorstellen können, mit einer Frau zusammen zu sein, die ein Kind hat. Aber genau das passierte. Damals war alles noch ein bisschen einfacher, zumindest denke ich das im Nachhinein. Sie war ein Hippie, ich war ein Hippie, alle waren Hippies auf die eine oder andere Art und Weise – der eine mehr politisch, der andere weniger politisch. Wir lebten in unserer jugendlichen Welt, zu der zwangsläufig gehörte, dass die Erwachsenen einen nicht verstehen. Und wir waren cool! An unserer Tür klebte ein Aufkleber: „Hier wohnen die Leute, vor denen unsere Eltern uns immer gewarnt haben!" Wir scherten uns nicht um Konventionen und experimentierten mit der freien Liebe. Eva und ich hatten parallel immer noch andere kleine Techtelmechtel laufen. Aber sobald irgendjemand anderes von einem von uns zu viel wollte, haben wir das sofort beendet. Wir genossen immer den höchsten Respekt von allen unseren

Freunden, weil das bei uns wirklich funktionierte. Dafür wurden wir regelrecht bewundert. Inzwischen wohnten wir in einer WG in Barmbek, einem traditionellen Hamburger Arbeiterviertel. Wir trugen lange Haare und besaßen einen bunt bemalten VW-Bus. Im ganzen Haus gab es nur einen einzigen Fernseher, vor dem wir ein Matratzenlager aufgebaut hatten. Irgendwer, der mal bei uns zu Besuch gewesen war, erzählte herum, wir würden dort alle in einem Bett liegen. Die Leute malten sich in den schillerndsten Farben aus, wie das bei uns zu Hause wohl zugehen würde. Viele wollten auch nicht, dass ihre Kinder mit Evas Tochter, die ich auch als meine Tochter betrachtete, spielten, weil das kein Umgang für sie war – so ein verwahrlostes Kind. Daher spielte unsere Tochter die meiste Zeit mit den muslimischen Kindern aus der Nachbarschaft. Menschen aus einem anderen Kulturkreis hatten offensichtlich einen anderen Blick auf unser Leben.

Drogen gehörten irgendwie dazu, spielten aber eigentlich keine so große Rolle. Schon während meiner Schulzeit hatte ich meinen ersten Joint probiert. Freunde von mir hatten eine Ausstellung der Polizei besucht, in der man unter anderem gepresstes Haschisch in Augenschein nehmen konnte. Einer meiner Jungs hatte heimlich eine Ecke davon abgebrochen und mitgebracht. Die haben wir dann zusammen geraucht. Vielleicht war das nur eine Attrappe oder einfach zu wenig, jedenfalls merkte ich damals überhaupt nichts. In meiner Barmbeker Zeit brachte immer mal wieder jemand etwas Hasch mit. Wenn es was zu rauchen gab, war das schön, und wir haben es getan. Aber es war nichts, wofür man sich ein Bein ausgerissen hätte. Generell haben wir Gras oder Haschisch nie als gefährlich betrachtet. Das war unsere Einstellung – und ist meine bis heute. Mir ist bewusst, dass man davon durchaus abhängig werden kann; ich kenne auch Leute, denen das passiert ist. Allerdings bin ich überzeugt, dass nur abhängig wird, wer psychisch labil ist. Die Ursache ist nicht nur das Gras oder Haschisch, sondern dazu kommt der psychische Knacks, der diese Abhängigkeit befördert. Weltflucht kann man heute auf so viele Arten begehen. Man kann alkoholabhängig oder spielsüchtig werden, man kann mit irgendwelchen virtuellen Games sehr tief in digitale Fantasiewelten abtauchen und sein eigentliches Leben dabei aus dem Blick verlieren. Es gibt so viele Möglichkeiten, wie Menschen, die psychische Probleme haben, versuchen, diese zu kompensieren. Haschisch ist nur eine davon. Warum ausgerechnet diese eine verbieten? Auch die Sorge, dass Haschisch als Einstiegsdroge dienen und für harte Sachen die Tür öffnen könnte, kann ich nicht gelten lassen. Im Zuge einer Legalisierung müsste man nicht mehr zum gemeinen Straßendealer, der meist das volle Sortiment anbietet, sondern könnte sich das Gras meinetwegen in der Apotheke besorgen. Da kommt man nicht plötzlich auf die Idee, auch mal Koks zu probieren … Mir ist auch nicht bekannt, dass die Holländer alle koksen oder härtere Drogen nehmen, weil sie durch die Erlaubnis zu kiffen dazu verleitet worden wären. Das hätten wir bemerkt!

Irgendwann zog Eva mit einer befreundeten Band durch die Lande und strandete in Köln. Sie hatte ihre Tochter bereits als Sechzehnjährige zur Welt gebracht und nun das Gefühl, ihre Jugend versäumt zu haben. Die Kleine blieb bei mir und wurde fester Bestandteil meines Lebens. Geschichte wiederholte sich, denn im Grunde war es genau das, was meine Mutter mit mir gemacht hatte. Für mich war das eine gute Möglichkeit, mein Aufwachsen ohne Mutter noch einmal zu reflektieren. Ich wusste genau, wie sich das anfühlte. Und aus diesem Grund konnte ich sie auch nicht alleinlassen. Sie ging noch in den Kindergarten und hatte einen Narren an mir gefressen. Auch wenn meine Freunde mich damals alle für verrückt erklärten, sah ich nur das Positive. Wenn ich mit meiner Tochter im Supermarkt einkaufen ging, dann waren – außer vielleicht dem Verkäufer hinter der Fleischtheke – nur Frauen im Supermarkt. Und die machten alle Platz für uns, wenn wir mit dem Einkaufswagen in Richtung Kasse gingen, weil das damals so exotisch war, dass ein Mann mit einem Kind einkaufen ging. Heute kann man sich das überhaupt nicht mehr vorstellen, weil es so selbstverständlich geworden ist. Ich war zu der Zeit Anfang zwanzig, hatte noch keine eigenen Kinder und nahm dieses Mädchen wie mein eigenes an. Diese Entscheidung habe ich nie bereut! Das Mädchen gab meinem Leben Stabilität und erdete mich. Dadurch, dass ich sie angenommen hatte, konnte ich nicht mehr jeden Mist mitmachen. Plötzlich saß ich auf Elternabenden, konnte mitbestimmen, wie Dinge zu laufen haben. Das war auch eine tolle Aufarbeitung meiner eigenen Vergangenheit, mich mit anderen pädagogischen Konzepten auseinanderzusetzen, zu überlegen, was das Richtige für ein Kind ist. Klar verpasste ich einige Kneipenabende, aber die Dinge, die mir wichtig waren und die ich durchziehen wollte, wie zum Beispiel mein Studium, diese Dinge machte ich trotzdem. Mein Leben bekam durch sie einen Rahmen und Struktur. Es war plötzlich sehr durchorganisiert und es gab keinen Leerlauf und wenig Raum für spontanen Quatsch. Vielleicht war das mein Glück. Natürlich kann ich nicht sagen, ob ich ohne meine Ziehtochter Gefahr gelaufen wäre, in irgendeiner Form abzugleiten, aber ich kann sicher sagen, dass einige meiner Freunde auf der Strecke geblieben sind. Und natürlich können einen Menschen auch mit runterziehen, wenn man nicht stark genug ist. Mein bester Freund von damals – der mit dem Grinsen in der Morgenandacht – lebt heute nicht mehr, und er ist nicht der einzige. Er wurde Alkoholiker und krepierte jämmerlich. Seine Probleme lagen in der Trennung seiner Eltern begründet; das Verhältnis zu seinem Vater war extrem belastet. Zeitlebens hatte er das Gefühl, seine Mutter vor dem Vater beschützen zu müssen. Als ich ihn kennenlernte, war er ein fröhlicher junger Kerl – und dann zerbrach er immer mehr an der Welt. Er wurde Totalverweigerer, lehnte also nicht nur die Wehrpflicht, sondern auch jeglichen Ersatzdienst ab, sodass die Feldjäger ihn holten. Es folgte eine Knastkarriere, weil er notorisch aneckte – dabei ging es nie um etwas wirklich Schwerwiegendes. Natürlich gab es auch tolle Momente.

Ich erinnere mich an eine Zeit, in der er mit einer Punkerin zusammenlebte, die wie ein Messie nichts wegschmeißen konnte. Stattdessen dekorierte sie mit all dem Müll ausgesprochen kreativ die gemeinsame Wohnung. Joghurtbecher hingen von der Decke und die Wände waren mit Plastiktüten tapeziert. Ihre Wohnung wurde sogar mal für den *Stern* fotografiert, weil sie so kreischend bunt war. Mit der Frau hatte er eine gute Zeit. Das war genau sein Ding, mit so jemand Ausgeflipptem zusammen zu sein, weil er selbst so war. Es gab also auch in seinem Leben nicht nur Tiefen. In den letzten Jahren vor seinem Tod habe ich ihn dann nicht mehr gesehen.

Obwohl Eva nach Köln ging, trennten wir uns nicht. Nicht nur ihre Tochter blieb in Hamburg, sondern auch ein Teil ihrer Klamotten. Ich schlief weiterhin in unserem gemeinsamen Bett, und irgendwie wirkte alles so, als könnte sie irgendwann zurückkehren. Meine Mitbewohner halfen mir, so gut es ging, in meinem neuen Leben als alleinerziehender Vater. Evas Tochter gehörte nun zu mir, zu meiner Familie, und selbstverständlich war sie fortan auch bei Familienfeiern dabei, ohne dass das groß thematisiert worden wäre. Ich kann daher gar nicht genau sagen, wie mein Vater die Sache sah, kann mir aber vorstellen, dass er das nicht ganz unproblematisch fand. Da denken Patriarchen doch eher in Erbfolgen und eigen Fleisch und Blut …

DER DRUCK MUSS VON DER STRASSE KOMMEN

Verschluckte Wattebäuschchen, selbst gemalte Wahlplakate und eine Verurteilung wegen Hausfriedensbruch – politische Haltung zeigt sich im Handeln, nicht in einer Parteizugehörigkeit. Vielmehr ist eine gesunde Skepsis angebracht. Wie schon der Kabarettist Dieter Hildebrandt konstatierte: „Politiker beherrschen die Kunst, so viele Worte zu machen, dass sie hinterher die Wahl haben, zu welchem sie stehen wollen."

Während meiner Schulzeit interessierte ich mich überhaupt nicht für Politik. Ich verstand nicht einmal, was Politik eigentlich ist. Aber das änderte sich schlagartig, als ich mit siebzehn Jahren vom Internat flog und nach Hamburg kam. Damals dachte ich, ich käme in die Freiheit, doch das Leben fühlte sich für mich extrem unfrei an. Mit meinen langen Haaren sah ich aus, als wäre ich gerade dem Fahndungsplakat der damals noch sogenannten Baader-Meinhof-Bande entsprungen. Zunächst als APO-Freaks belächelt, radikalisierte sich diese Splittergruppe zunehmend und rief bald zum „bewaffneten Widerstand" auf. Mit meinem Aussehen erfüllte ich wunderbar das Terroristenklischee, weshalb ich immer wieder Stress mit der Polizei hatte. Mein erstes Erlebnis mit der Staatsgewalt hatte ich, als ich eines Nachts vom Folklore Z zum Nachtbus wollte. Das Folklore Z lag an der Karolinenstraße, in unmittelbarer Nähe zum alternativen St. Pauli. Da der Nachtbus immer vom Rathausmarkt abfuhr, musste ich an den unterschiedlichen Gerichtsgebäuden am Sievekingplatz vorbei, um nach Hause zu kommen. Vor den Gerichten standen große steinerne Blumenkübel, damit keine Autos auf den Gehwegen parken konnten. Aus einem dieser Kübel pflückte ich mir eine Blüte und steckte sie mir ans Revers. Als Hippie mochte ich halt Blumen … Plötzlich sah ich mich umzingelt von sechs Polizisten, die zufällig gerade mit einem Mannschaftswagen vorbeigefahren waren, spontan angehalten hatten und allesamt herausgesprungen waren. Sie umstellten mich mit ihren Maschinengewehren im Anschlag! Ich war völlig perplex. „Was ist denn los?", fragte ich verdattert. Einer der Polizisten trat vor und meinte zu mir: „Hier ist Blumenpflücken verboten. Wissen Sie das nicht?“ Da wusste ich, dass die sich innerlich schlapplachten. Die hatten sich schlicht und ergreifend einen Scherz mit mir erlaubt! Vermutlich dachten sie sich, diesem kleinen Love-and-Peace-Hippie zeigen wir mal, wo der Hammer hängt, dem jagen wir mal einen ordentlichen Schrecken ein. Erlebnisse dieser Art trugen nicht dazu bei, eine positive Einstellung gegenüber der Polizei zu entwickeln, und letztlich trugen auch sie zu meiner Politisierung bei. Irgendetwas stimmte in unserem Staat ganz und gar nicht, und ich wollte verstehen, was das war und warum das so war. Und so begann ich, wahnsinnig viel zu lesen und zu reden und zu diskutieren. Meine Beschäftigung mit politischen Themen wurde immer intensiver, und ich bewegte mich dabei in einem studentischen Milieu, genauer in einer linken, alternativen Szene, die nach dem Ende des Sozialistischen Deutschen Studentenbunds in lauter sektiererische sogenannte K-Gruppen zersplittert war. Mit meinem besten Freund und einem seiner Freunde, einem politisch bereits aktiven Germanistikstudenten, saßen wir stundenlang in unserer gemeinsamen WG und diskutierten uns die Köpfe heiß. Gefühlt brannte es in Europa an allen Ecken und Enden. Überall wurden Bomben gelegt – ob in Irland durch die IRA oder im Baskenland durch die ETA. Bei uns in Deutschland gründeten sich die RAF und die antiimperialistischen Gruppen, die den bewaffneten Kampf unterstützten. Obwohl ich jünger war als diese 68er-Veteranen, empfand auch ich eine generelle

Unruhe und hatte das Gefühl, dass ein gewisser Druck auf mir lastete. Ich wollte, dass sich etwas ändert, die Gesellschaft, die politischen Verhältnisse. Damals hatten wir das Gefühl, dass diese ganzen Schlipsträger im Parlament, diese Saubermänner, nicht für uns da waren, dass in der gesamten Volksvertretung nur Leute saßen, die gegen uns arbeiteten. Es gab nicht eine Partei, der wir vertrauten. Und natürlich diskutierten wir damals heftig die Gewaltfrage. Meine erste konsequente Entscheidung, die auf meiner politischen Überzeugung basierte, war meine Kriegsdienstverweigerung. Die erschreckenden Bilder des Vietnamkriegs standen mir noch lebhaft vor Augen. Und dass die pazifistische Bewegung größer und größer wurde, trug auch dazu bei, dass ich mich viel mehr als Pazifist verstand denn als Terrorist. Anders als mein Freund, der sich für die Totalverweigerung entschied, war es mir mit dem Zivildienst ziemlich ernst. Klar, auch ich wollte auf Missstände aufmerksam machen und mich nicht einfach vor den Karren der Militärs spannen lassen, aber das alles bis zur Selbstzerstörung zu treiben, war meine Sache nicht. Jedem, der sich total verweigerte, waren die Folgen bewusst. Und mein Freund war ja bei Weitem nicht der Einzige, der diesen Weg wählte. Wer die strafrechtlichen Konsequenzen auf sich nehmen wollte – bitte. Mein Weg war das nicht. Die pure Provokation war nie mein Ding. Ich war vielmehr der Artige, der zur DFG-VK lief, also der Deutschen Friedensgesellschaft – Vereinigte KriegsdienstgegnerInnen, und sich akribisch auf die Gewissensprüfung vorbereitete. Als ich meinen Musterungsbescheid erhielt, informierte ich mich, mit welchen Tricks ich meine Wehrtauglichkeit negativ beeinflussen konnte. Aus diesem Grund tauchte ich beispielsweise Wattebäuschchen in Saft und schluckte sie herunter, weil angeblich die Chance bestand, dass beim Röntgen entdeckte verschluckte Wattebäuschchen zu einer Einstufung als „untauglich" führen könnten. Was man sich unter Jugendlichen eben alles so erzählte. An dem Tag, als ich beim Kreiswehrersatzamt gemustert wurde, gab ich alles Mögliche vor, warum ich nicht für den Kriegsdienst geeignet war. Geröntgt wurde ich allerdings nicht. Am Ende wurde ich der Tauglichkeitsklasse 4 zugeordnet – was hieß, dass ich nicht komplett kriegsdienstuntauglich war, aber immerhin vorübergehend. Ein Kriegsversehrter begleitete uns Jugendliche dort während der Musterung und konnte sich nicht verkneifen, zu mir zu sagen: „Du hast ja sowieso verweigert. Da wirst du deinen Dienst wohl oder übel antreten müssen. Bei der Bundeswehr hätten wir einen wie dich gar nicht haben wollen." Nach dem Motto: Schön blöd, dass du verweigert hast, weil du eh ausgemustert worden wärst …

Meinen achtzehn Monate dauernden Ersatzdienst leistete ich im Kinderhaus Heinrichstraße, einem gemeinnützigen Verein, der sich der emanzipatorischen Pädagogik verschrieben hatte. Das war ein politischer Kindergarten, der sich um neue pädagogische Konzepte bemühte, weil man erkannt hatte, dass die antiautoritäre Erziehung auch negative Folgen zeigte und dass es durchaus notwendig sein konnte, dass die Erzieher in bestimmten Situationen eingriffen. Gefühlt gab es dort alle zwei Wochen einen Elternabend.

Über alles und jedes wurde diskutiert, wodurch ich viel über Kinder und Erziehung lernte. Normalerweise waren das Themen, die einen jungen Mann in meinem Alter überhaupt nicht tangierten – Geschlechtergleichheit, kindliche Sexualität, Intelligenzförderung bei Kindern. Für mich aber war diese emanzipatorische Erziehung ein willkommener Anlass, meine eigene Schulzeit noch einmal zu reflektieren. Warum waren die Pauker, wie sie waren? Warum waren die Referendare so anders? Wer hatte welches Problem? Welche Stellung hatten Kinder innerhalb der Familie? All diese Fragen, von denen ich nicht glaube, dass sie meine Erzieher sonderlich bewegt hätten, trieben mich um. Wie ein Schwamm sog ich alles auf. Ich wurde getrieben von dem Wunsch, die Dinge besser zu machen und meiner Tochter ein besserer Vater zu sein. Dass dies natürlich nicht immer in Gänze gelingen kann, das musste ich später einsehen und akzeptieren.

Das Kinderhaus bekam keine staatlichen Zuschüsse, finanzierte sich über Spenden ebenso wie über regelmäßige Solidaritätskonzerte und ein monatlich herausgegebenes Magazin. Einmal kam tatsächlich Alexis Korner, der große britische Bluesmusiker, nach Hamburg, um hier ein Konzert zugunsten des Kinderladens zu geben. Ich wusste, was für ein bedeutender Musiker Korner war und dass er neben anderen Rockgrößen auch den Rolling Stones zum Durchbruch verholfen hatte. Mir war auch bekannt, dass er der Vorsitzende der Cannabiskampagne „Legalize it“ war. Mit vierzehn Jahren hatte ich ein Open-Air-Konzert von The

Who im Londoner Wembley-Stadion besucht und erstmals von dieser Kampagne gehört. Menschen mit einer klaren Haltung haben mich schon immer beeindruckt. Korner war nicht nur ein großes Vorbild für mich, sondern auch für viele andere. Wie gesagt, die Stones, Eric Clapton und solche Stars sind durch seine Schule gegangen. Er hatte nicht nur selbst ein Riesentalent, sondern auch einen guten Riecher für das von anderen, und er war einfach ein ganz besonderer Mensch. Bevor er an diesem Abend sein Konzert gab, stattete er dem Kinderladen einen Besuch ab und machte mit den Kindern vor Ort Musik. Das hat mich ungemein beeindruckt. Abends war ich als Zivildienstleistender als „Stagehand" im Konzert. Als ich am nächsten Tag wieder zur Arbeit ins Kinderhaus kam, war er schon wieder da. Da sein Flug erst am Nachmittag ging, schien es das Beste für ihn, die Zeit bis dahin im Kindergarten zu verbringen. Ich sprach ihn an, sagte ihm, ich wisse, dass er der Vorsitzende der „Legalize it"-Kampagne sei, was ihn total überraschte: „Nie im Leben hätte ich gedacht, dass mich in Deutschland darauf jemand anspricht! Und jetzt habe ich gar nichts dabei." Dann kratzte er von seinem Gitarrenkoffer einen „Legalize it"-Aufkleber und gab ihn mir. Ich klebte ihn später ehrfurchtsvoll an mein Schlagzeug – wo er heute noch klebt.

Das politisch diskutierende Milieu wurde mein natürliches Umfeld. Zudem wohnte ich direkt über dem Lokal Bierhaus Schulterblatt, in dem regelmäßig die Bürgerinitiative St. Pauli tagte. Ich brauchte nur die Treppe hinunterzugehen, um dabei zu sein – was die Hemmschwelle extrem senkte. Eines Tages war es dann so weit und ich stieg die Stufen hinab. Ich weiß noch genau, dass ich mir explizit vornahm: „Wenn du heute das Maul nicht aufkriegst, musst du da nie wieder hingehen! Also sag irgendwas, auch wenn die anderen das scheiße finden!“ Als introvertierter Maler musste ich mir das regelrecht einreden. Gesagt, getan! Ich gab irgendetwas zum Besten, woran ich mich heute gar nicht mehr erinnere. Und so blöd kann es nicht gewesen sein; natürlich hatte ich zuvor auch schon viel gelesen und wusste, worum es thematisch ging. Jedenfalls dauerte es nicht allzu lang, vielleicht ein halbes Jahr, und ich wurde als Delegierter in die Bürgerinitiative Umweltschutz Unterelbe gewählt, also ins Plenum der unterschiedlichsten Initiativen, um unsere Interessen dort zu vertreten. In der BUU erlebte ich erstmals, was es bedeutet, Politik aktiv zu gestalten. Schon in den bürgernahen politischen Initiativen spielten machtpolitische Hintergedanken eine Rolle. Aufgrund solcher Machtspielchen fand ich als Delegierter unserer Bürgerinitiative in einer entscheidenden Situation kein Gehör, weshalb ich die Politik von Anfang an als unfaires Geschäft wahrnahm. Ich erkannte, dass ich darauf keine große Lust hatte, dass ich zwar politische Ambitionen hegte, aber die Politik selbst mich eher abstieß. Nichtsdestotrotz blieb ich eine ganze Weile politisch sehr aktiv. Mir und meinem Umfeld ging es darum, gesellschaftliche Missstände anzuprangern, Aufmerksamkeit auf bestimmte Themen zu lenken. Dabei war klar, dass wir ein paar Grenzen überschreiten mussten.

Denn tat man das nicht, wurde auch nicht berichtet. Das ist selbst heute noch die gängige Strategie, um es mit seinen Anliegen in die Medien zu schaffen. Nur Randale findet Aufmerksamkeit. Kriminelle Energie hingegen hatte ich nie, dennoch war es für uns absolut legitim, Bauplätze oder Häuser zu besetzen. Da bewegten wir uns im strafrechtlichen Bereich der Sachbeschädigung, was in unseren Augen zum Zwecke der politischen Demonstration gerechtfertigt war. Natürlich wurden wir als Chaoten beschimpft; logisch, dass die bürgerliche Gesellschaft für solche Aktionen, die wir für notwendig erachteten, kein Verständnis aufbrachte. Für mich war aber immer klar: Wenn man nur den Finger hebt und sich meldet, dann kommt man nicht dran. In Hamburg gab es damals die nach ihrem Eigentümer benannten Schneider-Häuser. 150 Wohnungen in bester Eppendorfer Wohnlage, die allerdings nicht zur Vermietung angeboten wurden, obwohl intakt und bewohnbar. Damals kannte ich Leute, die auf Wohnungssuche waren und keine bezahlbare Bleibe fanden. Insofern tangierte mich dieses Problem in gewissem Maße auch persönlich. Um darauf aufmerksam zu machen, dass hier mit Wohnraum spekuliert wurde, entschieden wir, eine unangekündigte „Hausbesichtigung" durchzuführen. Natürlich musste für diese „Besichtigung" eine Wohnungstür geöffnet werden – ohne Schlüssel wohlgemerkt. Das war später der einzige Tatbestand, der uns vorgeworfen wurde. Ansonsten ließen wir nur Transparente vom Balkon herunterhängen und uns von der Presse fotografieren. Bis hin zur *BILD*-Zeitung hatten wir die Sympathien auf unserer Seite, was für solch eine Aktion alles andere als selbstverständlich war. Niemand konnte oder wollte diese Immobilienspekulation gutheißen. Die Richterin, die den Prozess gegen uns führte, machte sogar den Vorschlag, das Verfahren einzustellen. Das wäre eine Art Freibrief gewesen: „Leute, alles nicht so schlimm, macht ruhig weiter so …“ Aber ausgerechnet meine junge Anwältin sprang auf und rief: „Wir fordern Freispruch!“ Sie sah das ausschließlich politisch und wollte ein Zeichen gesetzt wissen. Ein Freispruch wäre solch ein Zeichen gewesen. Das aber war mit der Richterin nicht zu machen. Sie sah zumindest einen Tatbestand erfüllt, über den sie urteilen musste: ein gemeinschaftlich aufgebrochenes Schloss. Weil der Sachschaden ansonsten unerheblich war – wir hatten nicht einmal etwas an die Wände geschrieben oder geschmiert –, verhängte sie das geringstmögliche Strafmaß: ein Tagessatz. Danach war ich wegen Hausfriedensbruch vorbestraft. Mit einer Einstellung des Verfahrens wäre die Sache ohne weitere Konsequenz erledigt gewesen …

Je mehr Zuspruch wir bekamen, desto besser konnten wir die uns am Herzen liegenden Themen in die öffentliche Diskussion einbringen. Und so begannen wir zu überlegen, welche Inhalte uns sonst noch wichtig waren. Die Abschaffung des Paragrafen 175 – Strafbarkeit von Homosexualität. Abschaffung des Paragrafen 218 – das Abtreibungsverbot. Der sogenannte Blasphemieparagraf, der das Verhöhnen von Kirchen, Religionsgemeinschaften oder weltanschaulichen Bekenntnissen unter Strafe stellt – übrigens bis heute. Das waren alles Themen, die uns bewegten. Aus den unterschiedlichen Gruppierungen kamen etliche politische Forderungen. Ich zum Beispiel engagierte mich in der Initiative für fortschrittliche Künstler, der IFK, die sich regelmäßig in der Bierstube Mader traf. Für mich, als noch ziemlich junger Mann, waren diese Treffen mit den Intellektuellen extrem spannend. Die politischen Forderungen wurden schließlich zusammengeführt und in ein erstes Parteiprogramm gegossen – auch wenn explizite Meinungen zu dringlichen Themen aus Gleichgesinnten nicht unbedingt gleich eine Partei machen. Wir aber wollten es wissen und gründeten 1978 die Partei Bunte Liste – Wehrt euch, deren Logo ein Schmetterling zierte und die heute als einer der Vorläufer der Partei Die Grünen gilt. Unser damaliger Spitzenkandidat, Holger Strohm, war ein Guru der Umweltschutzszene, weil er das Buch *Friedlich in die Katastrophe,* unsere Anti-Atomkraft-Bibel, geschrieben hatte. Mit ihm arbeitete ich eng zusammen. Wir saßen gemeinsam mit Rainer Trampert in einer Arbeitsgruppe und organisierten den Wahlkampf der Bunten Liste für die Hamburger Bürgerschaftswahl. Der Name war Programm: Alles war bunt! Jedes einzelne unserer Wahlplakate war handgemalt, keins war wie das andere. Das war ziemlich spektakulär. Kurz vor der Wahl schloss ich eine Wette ab, dass die Bunte Liste mehr als drei Prozent erreichen würde. Damals arbeitete der CDU-Abgeordnete und spätere Finanzsenator Dr. Wolfgang Peiner für meinen Vater, ein ganz feiner Kerl, mit dem ich damals auf jeder Firmenfeier meines Vaters leidenschaftlich über politische Themen diskutierte – etwas anderes konnte ich ja nicht. Als wir nach einem dieser Essen in den Festsälen des Hotels Atlantik einen Absacker an der Bar nahmen, schlossen wir folgende Wette ab: Ich wettete, dass die Bunte Liste bei der Bürgerschaftswahl drei Prozent der abgegebenen Stimmen auf sich vereinen würde; Dr. Peiner hielt dagegen. Zeuge dieser Wette war ausgerechnet der wichtigste Jurist meines Vaters, der ihn in allen Angelegenheiten – sowohl familiären als auch unternehmerischen – juristisch beriet. Insofern war er kein schlechter Zeuge. Die Bunte Liste erhielt tatsächlich mehr als drei Prozent der Stimmen, nämlich dreieinhalb! Und Dr. Peiner musste wenig später durch den Familienanwalt an seine Wettschulden erinnert werden …

Viele unserer Mitstreiter waren enttäuscht, weil sie geglaubt hatten, wir könnten die Fünfprozenthürde nehmen. Bei dieser Bürgerschaftswahl war neben der Bunten Liste auch die Grüne Liste Umweltschutz angetreten, die ein Prozent der Stimmen auf sich vereinen konnte. Jeder wusste, wenn wir uns zusammengetan hätten, hätten wir an der Fünfprozentklausel nicht scheitern müssen. Es begann ein ordentliches Hauen und Stechen, und im Zentrum des Ganzen befand sich Holger Strohm, der für das vermeintlich schlechte Abschneiden der Partei verantwortlich gemacht wurde. Kurz nach der Wahl gab es eine Krisensitzung, die ich als katastrophal empfand. Ein Redner nach dem anderen griff Strohm und dessen Wahlkampf an. Noch bevor er selbst zu Wort kam, verließ er irgendwann entnervt die Veranstaltung. Was ich einerseits zwar nachvollziehen, andererseits aber nicht im Mindesten gutheißen konnte. An diesem Punkt beschloss ich endgültig, der Politik den Rücken zu kehren. Für mich stand fest: Ich gehe in die Kultur! Für die Partei betreute ich zunächst noch einige Büchertische in der Hamburger Innenstadt. Das war zu jener Zeit nicht ohne, da man nicht selten bespuckt und als Abschaum beschimpft wurde, wenn man Positionen wie unsere vertrat, die nicht dem politischen Mainstream entsprachen. Die Ansichten, für die wir damals angefeindet wurden, sind heute in die politische Mitte gerückt. Diese Entwicklung ist doch sensationell! Sie hat mir gezeigt, dass man etwas bewegen, etwas ändern kann. Nichts muss bleiben, wie es ist. Das ist eine großartige Erkenntnis, weshalb ich mit der Gesellschaft, der ich damals ziemlich feindselig gegenüberstand, inzwischen versöhnt bin. Ich würde unsere Demokratie immer verteidigen, allein weil ich diesen Prozess miterleben durfte und weiß, was Demokratie kann.

Natürlich wollte ich, dass es eine grüne Bundespartei gibt, dass meine persönlichen politischen Interessen in dieser Partei vertreten werden. Es war mir wichtig, dass diese Stimme gehört wird. Aber ich wollte in keiner Partei Mitglied werden. Diese ganzen politischen Intrigen waren nicht mein Ding. Wenn man Politiker werden will, braucht man, glaube ich, ein taktisches Verhältnis zur Wahrheit, wie ich es nenne. Und das war etwas, was ich für mich nicht akzeptieren konnte. Mir war klar, dass es solche Menschen geben musste, nur wollte ich mit ihnen nichts zu tun haben. Das passte nicht zu mir und meiner Persönlichkeit.

Joschka Fischer formulierte es einst sinngemäß so: „Ich möchte keine Freunde haben wie mich." Deutlicher kann man, denke ich, nicht ausdrücken, was notwendig ist, um in diesem Business zu bestehen. Er ist trotzdem in die Politik gegangen, ich nicht.

Stattdessen begleitete und unterstützte ich die Politik lieber aus einer kritischen Distanz heraus. Alles, was passierte, verfolgte ich interessiert, aber persönlich konzentrierte ich mich ab diesem Zeitpunkt auf mein kulturelles Tun. So wie ich es sehe, blieb ich durch die Kulturszene politisch aktiv. Ich sah mich als Freigeist, der durch die Bilder, die er malt, politisch Stellung bezieht, der an Ausstellungen teilnimmt, die eine politische Intention haben, der sozusagen zum Umfeld gehört. Dabei ließ ich keinen Zweifel aufkommen, welcher politischen Richtung ich mich zugehörig fühlte. Dafür waren meine Standpunkte zu eindeutig. Mein persönlicher Abschluss mit der Politik war dann tatsächlich der Gründungsparteitag der Grünen Mitte Januar 1980. Neben Gert Bastian, Petra Kelly, Rainer Trampert, Herbert Gruhl, Jürgen Reents, Rudolf Bahro und wie sie alle hießen, war ich bei diesem ersten Parteitag mit dabei – ein ziemlich bunter Haufen. Und ich war heilfroh, dass all das, was an diesem Tag mit der Parteigründung in Gang gesetzt wurde, andere stemmten. Ich nahm dabei keine führende Rolle ein, weil ich keine haben wollte. Ich bin niemand, der immer vorneweggehen muss, der die Führungsrolle immer für sich beansprucht. Manchmal ergibt es sich, weil es gerade passt; manchmal sind es aber auch andere, die es viel besser machen können als man selbst. Auch bin ich niemand, der sich immer krampfhaft an alles klammern muss. In meinem Leben ließ ich schon öfter etwas, das mich bewegte, los und damit hinter mir. Die Politik gehörte dazu. Die Grünen allerdings sind bis heute ein Stück politische Heimat für mich. Sie brachten frischen Wind und endlich Farbe ins Parlament. Schon allein die bunten Pullover, die sie trugen, die sie im Bundestag strickten, waren eine willkommene Abwechslung im farblosen Einerlei der üblichen Volksvertreter. Wann immer ich später gebraucht wurde, stand ich ihnen mit meiner Expertise zur Verfügung, was insbesondere in Bezug auf Medienfragen der Fall war. Beispielsweise wurde ich zum Thema Urheberrecht zurate gezogen und konnte, glaube ich, auch einen wesentlichen Beitrag leisten, weil die Partei in dieser Frage damals sehr gespalten war. Ich traf mich auch schon mit Robert Habeck, wobei das nichts Außergewöhnliches ist, denn natürlich rede ich mit Leuten, die etwas bewirken wollen – und können. Etwas außergewöhnlicher war da schon meine Begegnung mit Joschka Fischer. Damals wurde ich gebeten, eine Zeitungsanzeige für seinen Wahlkampf zu finanzieren, wozu ich gerne bereit war. Im Vorfeld wurde ein Treffen zwischen ihm und mir vereinbart. Damit wir in Ruhe reden konnten, waren in dem Lokal, in dem wir uns trafen, um uns herum einige Tische freigehalten worden, dahinter saßen im Kreis um uns herum Sicherheitsbeamte. Ich muss zugeben, das war schon ziemlich skurril, aber anders geht es offensichtlich nicht. Und dann fing er an, ganz staatsmännisch mit mir zu sprechen, woraufhin ich nur meinte: „Joschka, so musst du nicht mit mir reden. Ich kenne dich und deinen Werdegang in- und auswendig." Vieles hatte ich in einem anderen Zusammenhang über seine Frankfurter Zeit gelesen, Versammlungsprotokolle, was wo mal gesagt wurde, hatte mir einen Eindruck von seinen Wurzeln verschafft. Ich verfügte über detaillierte Einblicke ihm vertrauter Wegbegleiter. Und plötzlich änderte sich sein Sprachduktus; er verbarg sich nicht mehr hinter dieser Politsprechmaske, sondern war einfach nur ungekünstelt menschlich, normal, freundlich. Das fand ich ziemlich cool!

Ansonsten ging ich wieder auf die Straße, wenn mir ein Thema besonders wichtig war. So beteiligte ich mich selbstverständlich an der Großdemonstration gegen den Bau des Atomkraftwerks Brokdorf. Ich erinnere mich noch sehr gut an die diffuse Gefühlslage, während über uns die Hubschrauber kreisten und Pferdegetrappel die Reiterstaffel der Polizei ankündigte. Es war laut, es war matschig, und als wir die ersten weißen Helme auftauchen sahen, hatten wir alle die Hosen voll. Daneben mischten sich Stolz und Entschlossenheit in das Gefühl, auf der richtigen Seite zu stehen. Über der ganzen Szenerie waberte das Tränengas, die Augen brannten. Und dann war da dieser Trotz. Wir dachten nur: „Wir sind viele. Wir geben nicht auf." Das waren schon sehr eindrückliche Erlebnisse. Auch gegen rechts demonstrierte ich mit der gleichen Entschlossenheit, was mich schon in den Fokus rechter Zirkel rückte. Aus dieser Ecke wurde mir plötzlich unverhohlen mit einem selbst entworfenen Fahndungsplakat mit meinem Konterfei darauf gedroht. Meinem Vater dürfte das alles zum einen Sorgen bereitet und zum anderen weniger gefallen haben, dennoch ließ er mich gewähren. Im Gegensatz zu meinen Geschwistern, die schon frühzeitig Personenschützer zur Seite gestellt bekamen, hatte ich noch alle Freiheiten. Das sollte sich erst einige Zeit später ändern …

Für seine Verhältnisse war mein Vater ein extrem moderner Mann. Wenn man bedenkt, dass er noch zu Zeiten des deutschen Kaiserreichs geboren wurde, war er sehr liberal, ja tolerant. Andere mokierten sich über meine langen Haare, meinen Umgang, meine Einstellung, aber er sagte dazu nichts. Nur einmal fiel ich bei ihm richtig in Ungnade. Damals hatte er gerade die Versandhäuser Heinrich Heine und Schwab übernommen. Nur kurze Zeit nach einer erheblichen Entlassungswelle – der die Betriebsräte zugestimmt hatten, versteht sich –, traf ich eben jene Betriebsräte auf der jährlichen Weihnachtsfeier meines Vaters. Sie genossen Whiskey trinkend und Zigarre rauchend den Abend auf der Aftershowparty. Das konnte ich nicht unkommentiert lassen. Dass sie einer Einladung ihres Chefs zum Essen folgen mussten, konnte ich noch einsehen, aber dass sie sich auf der anschließenden Party sichtlich vergnügten, stieß mir übel auf. Ich ging hinüber und fragte, ob sie nicht das Gefühl hätten, auf der falschen Party zu sein. Ob mein Vater diese Frage persönlich mitbekam oder ob es ihm danach zugetragen wurde, weiß ich nicht mehr – auf jeden Fall wurde er fuchsteufelswild! Michael, der direkt neben meinem Vater saß, versuchte noch, mich in Schutz zu nehmen: „Die jungen Leute denken so …“ Mit keiner Silbe wollte ich meinen Vater kritisieren, sondern viel mehr die Betriebsräte. Mir ging es um das moralische Dilemma. Als Betriebsrat macht man sich nicht auf solch pietätlose Weise mit den Bonzen gemein. Auch wenn sie für die Rettung des Unternehmens sicherlich dankbar waren, hätten diese Leute vom Betriebsrat eine sauberere Trennlinie ziehen müssen. Das waren Gedanken, die meinen Vater nicht interessierten. Er empfand meinen Kommentar als eine große Illoyalität ihm gegenüber, so als wäre ich ihm in den Rücken gefallen. Ich war der Nestbeschmutzer. Der Konflikt rührte daher, dass keiner die Position des anderen verstehen konnte. Mein Vater konnte nicht nachvollziehen, worum es mir ging. Und ich verstand nicht, welches Problem mein Vater mit meinem Kommentar hatte. Aus Gesprächen mit ihm ging mir später auf, dass wir nicht immer fundamental anderer Meinung waren, sondern dass wir die Dinge oftmals nur von jeweils einer anderen Seite betrachteten. Wir waren uns beispielsweise einig in unserer Kritik an der Atomkraft. Nur unsere Sichtweise, wie man etwas bewirken konnte, unterschied sich komplett. Mein Vater sagte immer: „Mensch Junge, engagiere dich doch im Club of Rome!“ Meiner Meinung nach hörte dem Club of Rome aber niemand zu. „Papa, der Druck muss von der Straße kommen!“ Das war meine Überzeugung.

TALENT UND VENTIL

Wenn Lampenfieber positiv kickt, Knackis geflasht sind und jedem besseren Landgasthof in Deutschland schon ein Besuch abgestattet wurde, könnte das daran liegen, dass man ein deutscher Rockstar auf Tour ist. „When I'm on stage the savage in me is released. It's like going back to being a cave man. It takes me six hours to come down after a show." (Angus Young, AC/DC-Gitarrist)

Schon zu meinen Schulzeiten kristallisierten sich die beiden Leidenschaften heraus, die mich ein Leben lang begleiten sollten: die Malerei und die Musik. Für mich waren beides Bereiche, in denen ich den Vergleich mit meinem Vater nicht fürchten musste. Außerdem funktionierte beides als willkommenes Ventil, um meinen Emotionen freien Lauf zu lassen, und bot eine Möglichkeit, mich mit mir selbst zu beschäftigen und meine Gedanken- und Gefühlswelt auszudrücken. Als Duwe-Schüler malte ich selbstverständlich in einem realistischen Stil, am liebsten Menschen. Dabei versuchte ich stets, die Persönlichkeit dieser Menschen einzufangen, das, was sie auszeichnete und besonders machte. Am Kopfende meines gut sechs Meter langen Esstisches hängt ein Bild von mir von einem Freund, der leider schon verstorben ist. Es zeigt ihn mit ausgestreckten, wie zur Umarmung geöffneten Armen, sein Blick ist freudig überrascht. Betrat man einen Raum, in dem er sich befand, und er entdeckte einen aus der Ferne, war es genau diese Geste, mit der er einem zurief: „Du hier? Das ist ja wunderbar!" Ich habe in meinen Bildern immer versucht, solche Momente und Eigenheiten festzuhalten. Und wenn ich ausnahmsweise mal ein Stillleben malte – die ich überhaupt nicht mochte –, schmuggelte ich in irgendeine Ecke eine kleine Hanfpflanze, um wenigstens noch eine minimale Aussage mit diesem Bild zu treffen. Ich malte Demonstranten in Brokdorf ebenso wie Menschen, die mir auf der Straße begegneten. Nicht selten setzte ich mich einfach in ein Schwimmbad und zeichnete hübsche Mädchen. Das hatte den schönen Nebeneffekt, dass ich mit ihnen schnell ins Gespräch kam … Die Kunst, die mich zu Hause umgibt, hat ohne Ausnahme etwas mit mir zu tun. Ich gehe in keine Galerie und kaufe mir irgendein Bild; alles und jedes hat unmittelbar mit meinen Erfahrungen und Erlebnissen zu tun. Und das gilt nicht nur für die Kunst. Vieles von dem, was ich heute mache, hat etwas mit Geschichten zu tun, die mich als Kind oder Jugendlichen beeindruckt haben. Dass ich mich heute für Hanfprodukte starkmache, hat viel mit Alexis Korner zu tun, der nicht nur seine „Legalize it"-Kampagne führte, sondern sich als international berühmter Musiker einfach mit Kindergartenkindern hinsetzte und musizierte. Das hat mir unglaublich imponiert. So hat alles eine Verbindung zu mir und meinem Leben.

Meine zweite Leidenschaft entdeckte ich zwar schon früh, konnte ihr aber erst nach meiner Internatszeit nachgehen. Erst mit achtzehn Jahren fing ich an, Schlagzeug zu spielen. Zunächst hatte ich von meinem Vater eines geschenkt bekommen, das mal wieder – wie schon meine Gitarre – aus dem Katalog stammte. Man konnte auf dem Instrument zwar spielen, aber wirklich robust war es nicht. Auf die Becken brauchte man nur einmal kräftig zu schlagen und sie waren für nichts mehr zu gebrauchen. Es war schnell klar, dass ein vernünftiges Schlagzeug hermusste. Da mir das nötige Kleingeld fehlte, nahm ich mit siebzehn einen Ferienjob in einer Druckerei an – schon damals konnte ich gut mit Farben umgehen. In meiner ersten Woche lernte ich gleich die Druckstraße kennen. Mir wurde gezeigt, wie man einen Druckauftrag las, wie man das Papier in die

Maschine einführte, wie man die Farben mischte, all diese Dinge. In der zweiten Woche kam ich eines Tages um sechs Uhr zum Schichtbeginn und stellte fest, dass der Druckstraßenführer noch nicht da war. Niemand außer mir war anwesend, aber ein Druckauftrag lag schon vor. Also sah ich ihn mir ganz genau an, fädelte die Papierrolle ein, mischte die Farben und begann mit den ersten Probedrucken. Plötzlich kam der Geschäftsführer vorbei und fragte mich erstaunt, was ich dort ganz allein machen würde. Nachdem ich ihm erklärt hatte, dass ich mit dem Auftrag schon mal begonnen hätte, meinte er, der Druckstraßenführer habe sich leider krankgemeldet und ich dürfe diesen Druckauftrag allein gar nicht bearbeiten. Ich fragte, ob ich etwas falsch machen würde, was er verneinte. Trotzdem dürfe ich nicht weitermachen, weil das arbeitsrechtlich nicht erlaubt sei. Am Ende der Ferienzeit hätte mich der Geschäftsführer am liebsten behalten, er hielt große Stücke auf mich. So jedenfalls verdiente ich mein erstes eigenes Geld. Mein Stiefvater, also der Mann meiner Mutter, verdoppelte meinen Verdienst sogar noch, weil er es unterstützenswert fand, dass ich arbeiten ging, um mir mein Instrument selbst kaufen zu können. Und mit diesem Geld kaufte ich mir dann mein erstes richtiges Schlagzeug.

Was mein Können anbelangt, ist das Malen gewiss mein stärkeres Talent, aber von der Bedeutung stand die Musik immer an erster Stelle für mich. Als Schlagzeuger begann ich zu spät, um richtig gut zu werden. Da hatten mir andere, jüngere Drummer einiges voraus. Weil es aber so unglaublich intensiv war, bekam das Schlagzeugspielen für mich einen so hohen Stellenwert. In meinen Augen bedient die Musik meine extrovertierte Seite, während sich in der Malerei meine introvertierte Seite zeigt. Spiele ich Schlagzeug, muss ich mit meiner Band interagieren, anders funktioniert es nicht. Ich fand es immer großartig, mit anderen gemeinsam Musik zu machen. Im Grunde war es für mich wie früher: Ich hatte meine eigene kleine Bande, nur diesmal eben eine Band. Das war schon cool. Aber noch cooler war, dass wir auch auftraten! Vom Publikum wirst du entweder getragen oder vernichtet. Viel Zeit hast du nicht, um es zu überzeugen. Der Anfang muss hundertprozentig sitzen, was eine extrem große Herausforderung darstellt. Ich liebte das Lampenfieber vor jedem Auftritt. Dabei ist es eigentlich nichts anderes als ein erhöhter Herzschlag. Es ist nur Ausdruck einer ganz eigenen Art von Konzentration. Du bist hellwach, voll fokussiert. Nichts anderes zählt in diesem Moment. Du willst die Leute einfach nur begeistern. Für mich war das Lampenfieber immer ein positiver Kick.

Unsere ersten Auftritte hatten wir auf normalen Studentenfeiern. Das waren keine Clubgigs, bei denen das Publikum Eintritt zahlte und wir echte Leistungen bringen mussten, weil die Leute etwas verlangten für ihr Geld. Es war ein ganz entspannter Rahmen, in dem wir uns ausprobieren konnten. Wir nannten uns City Nord und wurden von der Neuen Deutschen Welle, die Anfang der 1980er-Jahre in Deutschland enorm angesagt war, mehr und mehr nach oben gespült. Dabei waren wir eine klassische Gitarrenrockband, hatten also mit den typischen NDW-Bands gar nicht viel gemein. Allerdings sangen wir deutsche Texte, was perfekt in die Zeit passte.

Ich hätte mir niemals vorstellen können, dass unsere Band so erfolgreich sein könnte. Plötzlich standen unsere Platten genau in dem Regal, auf das man als Erstes zuging, wenn man den Laden betrat. Heutzutage stehen an dieser Stelle üblicherweise die Chartalben. Früher standen dort Indieplatten oder Alben der Neuen Deutschen Welle. Und dazwischen standen wir, wodurch wir noch mehr verkauften und noch bekannter wurden. Immer mehr wollten unsere Musik hören, wollten uns spielen sehen, wobei wir mittlerweile an allen möglichen Orten auftraten. Wir spielten beispielsweise auch auf Friedensfesten und Kundgebungen. Nicht nur einmal spielten wir auf einem Lkw, während der uns als Teil eines Protestzugs durch die Straßen fuhr. Später spielten wir auch in Clubs, und das quer durch die ganze Republik. Wir tingelten mit unserem Bandbus durch Deutschland, hatten mal hier einen Gig, mal dort. Das Publikum war in jeder Stadt ein bisschen anders. Ständig mussten wir uns neu hineinfühlen in die Leute, die abends vor unserer Bühne standen. Das waren sehr besondere Erlebnisse.

Unser Mann am Mischpult hatte sehr viel für gutes Essen übrig – was man ihm auch ansah. Seinetwegen aßen wir nie auf die Schnelle an irgendeiner beliebigen Autobahnraststätte, sondern kehrten immer in wunderschönen

Landgasthöfen ein, wo wir kulinarisch verwöhnt wurden. Auf unseren Touren habe ich die gesamte regionale Küche Deutschlands kennenlernen dürfen. Ohne die Musik wäre ich nie auf die Idee gekommen, das eigene Land zu bereisen und an jedem Ort nach dem besonderen Geschmackserlebnis zu suchen. Heute bin ich froh, dass ich all diese Eindrücke – kulinarisch, kulturell, zwischenmenschlich – erleben durfte.

Das Schlagzeugspielen hatte ich mir selbst beigebracht, ich war Autodidakt. Als das mit unserer Band sich immer mehr in eine semiprofessionelle Richtung entwickelte, setzte ich tatsächlich noch einmal neu an und lernte von der Pike auf, wie man richtig Schlagzeug spielt. Irgendwie hatte ich das Bedürfnis zu wissen, was ich an den Drums eigentlich genau tat. Das waren großartige Jahre, die erste Hälfte der 1980er. Dann ging der Stern der Neuen Deutschen Welle langsam unter – und damit auch unserer. Trio sang: „Ich mach BuBu, was machst du“, und mit diesem Schlaflied schlief auch die Neue Deutsche Welle regelrecht ein. Wir waren damals nicht die einzige deutsch singende Band, die sich zu diesem Zeitpunkt auflöste. Im Grunde konnte nur Herbert Grönemeyer, der in der Szene eine späte Geburt hatte, weil er erst 1984 mit seinem Song *Männer* den Durchbruch schaffte, seine Karriere darauf aufbauen. Selbst Nina Hagen und andere große Stars wie Nena verschwanden mehr und mehr von der Bildfläche. Kurze Zeit später startete ich noch einmal ein Musikprojekt namens Goya, bei dem wir englische Texte sangen. Musikalisch war das etwas ganz anderes, mit Synthesizern und vielen elektronischen Klängen. Das war die Phase, in der computergestützte Musik massiv auf dem Vormarsch war. Es gab eine Menge positive Resonanz auf uns – von Radioikone und DJ John Peel, der über den britischen Radiosender BFBS hierzulande zu hören war, bis hin zum Musikjournalisten Alan Bangs, der durch den *Rockpalast* bekannt wurde –, aber die Verkäufe blieben hinter den großen Erwartungen unserer Plattenfirma zurück.

Langsam ging ich auf die dreißig zu, worin ich eine absolut magische Grenze sah. Meiner Meinung nach durfte sich jeder bis zu seinem dreißigsten Lebensjahr ausprobieren, studieren oder eine Ausbildung beginnen und danach noch einmal einen anderen Weg einschlagen. Bis dreißig gestand ich jedem zu, sich erst mal selbst finden zu dürfen. Dann aber sollte man eigentlich wissen, wohin die Reise im Leben geht. Das war zumindest mein Standpunkt. Aus Sicht eines gerade Twen Gewordenen war dreißig natürlich auch noch herrlich weit weg. Nun aber wurde meine Zeit langsam knapp. Die Frist, die ich mir selbst gesetzt hatte, neigte sich dem Ende zu und brachte mich unter Druck. Essenzielle Fragen tauchten auf, zum Beispiel, ob ich als Künstler genug würde verdienen können, um meinen Lebensunterhalt zu bestreiten. Und dann spielte mir der Zufall in die Karten, sodass ich letztlich meinen Platz im Berufsleben fand.

Um die Geschichte zu erzählen, muss ich ein klein wenig ausholen. Außerdem verweben sich die Dinge langsam miteinander. Jedenfalls kam eines Tages unser Bassist zu mir und bat mich ganz konkret, jemandem nach seinem Ausbruch aus dem Gefängnis bei der weiteren Flucht zu helfen. Er hatte Kontakt zu diesem Mann. Der Ausbrecher gehörte zu einem Drogenring und war wegen eines Drogendelikts verurteilt. Den Kontakt hatte eine Fluchthilfeorganisation hergestellt, weil der Mann in Wilhelmsburg untergetaucht und ausgerechnet dort ein Mädchenmord geschehen war. Plötzlich wimmelte es dort überall von Polizei, sodass der Mann dringend an einem anderen Ort untergebracht werden musste. Und hier kam ich ins Spiel. Mein Bandkumpel fragte mich, ob ich eine Idee hätte, wo sich dieser Mann verstecken könnte. In der Barmbeker Straße hatte ich gerade mit Freunden – unter anderem mit dem Bassisten – einen Verein gegründet: Die Bühne e. V. Und wir waren gerade dabei, eine Fabriketage zu einer freien Bühne umzubauen. Das hatte folgenden Hintergrund: In Hamburg hatte das Festival der Nationen stattgefunden. Künstler, Schauspieler und Pantomimen aus ganz Europa waren in die Stadt gekommen und nach dem Festival waren die meisten einfach geblieben. Wir hatten ein wunderbares erstes Alstervergnügen gefeiert, welches kein bisschen kommerziell war – es war wirklich ein richtiges Kunstfest. Nur den Geschäftsleuten gefiel es überhaupt nicht, dass nun vor jedem Schaufenster irgendwelche Künstler etwas vorführten und Aktionen machten. Die Stadt wies daraufhin bestimmte Plätze aus, auf denen Theater gespielt werden durfte; auf allen anderen Plätzen war Schaustellerei verboten. Das fanden wir empörend, weswegen wir begannen, diese freie Bühne zu planen. Weil es die naheliegendste Lösung war, machte ich den Vorschlag, den Flüchtigen in der Barmbeker Straße unterzubringen. Dort gab es ein Hinterzimmer, das sich perfekt eignete. Gesagt, getan! Dieser Mann versteckte sich fortan im Hinterzimmer unserer geplanten freien Bühne und blieb hier wohnen, bis er eine Frau kennenlernte. Dann zogen die beiden nach Eimsbüttel und bekamen sogar ein gemeinsames Kind. Für einige Zeit verlor ich den Kontakt zu ihm, weil es mich von Barmbek aufs Land verschlug.

Wie es sich für einen Rockstar gehörte, hatte ich von unseren Auftritten so manches Mal ein Mädchen mit nach Hause gebracht. Eva und ich führten eine offene Beziehung. Es war also alles ganz einfach und keine Geheimniskrämerei oder ein schlechtes Gewissen vonnöten. Eines Tages lernte ich auf diese Weise Astrid kennen, die von nun an zu meiner ständigen Begleiterin wurde. Je länger unsere Beziehung andauerte, desto unbehaglicher war ihr, dass noch immer Evas Sachen in unserer Wohnung standen. „Klär doch mal, ob Eva überhaupt zurückkommt. Wir liegen hier in ihrem Zimmer, in ihrem Bett. Frag sie doch bitte, ob ihre Sachen nicht einfach auf den Dachboden können", wünschte sich Astrid. Also rief ich in Köln an und besprach alles mit Eva. Die kam dann extra nach Hamburg, und wir trennten uns unter Tränen in „unserer" Kneipe, einer urigen Souterrainschenke, in der wir immer gesessen hatten. Das war traurig und schön zugleich. Wir haben übrigens noch heute ein gutes Verhältnis zueinander. Kaum dass das geklärt war, kam Astrid auf die Idee, dass wir eigentlich auch heiraten könnten. Meine Antwort darauf war so pragmatisch wie unromantisch: „Wenn wir in einem Jahr noch zusammen sind, kannst du mich das noch mal fragen." Natürlich nahm sie mich beim Wort und ein Jahr später wurde geheiratet.

Sie war eine leidenschaftliche Reiterin und ihr ganz großer Traum war es, auf einem Pferdehof zu leben. Es war 1986, und auch ich konnte mir durchaus vorstellen, auf dem Land zu leben, also fingen wir an, nach einem Resthof in der Nähe von Hamburg zu suchen. Viele unserer Freunde zogen damals aufs Land; fast gab es so etwas wie eine Stadtflucht. Zwanzig Jahre später kam der Kinofilm *Am Tag als Bobby Ewing starb* heraus, in dem das Leben in einer Landkommune im Jahr 1986 beleuchtet wird, das durch die Reaktorkatastrophe in Tschernobyl völlig aus den Fugen gerät. Dieser Film spiegelt meine Erinnerungen an diese Zeit ziemlich exakt wider. Jedenfalls kannte ich sehr viele Leute, die raus aus der Stadt ins Grüne wollten – und ich war einer von ihnen. Fündig wurden Astrid und ich in Lutzhorn, einer Gemeinde im Kreis Pinneberg in Schleswig-Holstein. Dieses Dorf grenzte genau an das Gebiet, das von der Hamburger Flughafengesellschaft für den Bau des Flughafens Kaltenkirchen aufgekauft worden war, einer damals geplanten Alternative zum innerstädtischen Flughafen Fuhlsbüttel. Aus diesem Grund durften dort nur Bestandsbauten instandgesetzt, aber nicht neu gebaut werden. Mit anderen Worten: Randlage und unverbaubare Idylle! Wenn es Nacht wurde, konnte man die Hand vor Augen nicht sehen, weil es keine Straßenbeleuchtung gab, es war wirklich stockdunkel. Auch für Reiter war das eine tolle Gegend, da der Rantzauer Forst ganz in der Nähe lag. Dort konnte man herrliche Ausritte machen. Wir hatten sogar eine Reithalle, wodurch ein halbwegs professioneller Reitbetrieb möglich war. Astrid war im siebten Himmel. Und auch meiner Ziehtochter gefiel das Leben auf dem Reiterhof. Sie lernte reiten und nahm kurze Zeit später sogar schon regelmäßig an Turnieren teil. Für mich hieß das jedes Wochenende: Hänger ankoppeln, Pferd einladen und zu irgendeinem Reitturnier fahren. Plötzlich war ich mittendrin in der Szene, obwohl meine eigenen Reitkünste einigermaßen überschaubar waren. Heißt, ich kann zwar reiten, aber es gehört nicht zu meinen größten Leidenschaften.

Sehr gemocht habe ich dagegen die Heuernte. Sobald die Zeit gekommen war, das Heu einzufahren, saß ich auf dem Trecker, mähte das Gras, wendete es und holte es schließlich vom Feld. Diese Zeit habe ich genossen, und weil ich so viel draußen war, war ich auch immer schön braun gebrannt. Ich ließ auch keinen anderen Bauern mehr auf mein Land, denn noch bevor wir dort hinzogen, hatte ich einen Nachbarn das Heu machen lassen – und der verhäckselte mit der Mähmaschine direkt ein paar frisch geborene Rehkitze. Seither machte ich das lieber selbst.

Während dieser ganzen Zeit fahndete die Polizei weiter nach dem entflohenen Häftling. Eines Tages rief er mich an: „Hör mal, Frank, ich kann nicht mehr. Ich will nicht mehr auf der Flucht sein!“ Der sogenannte Fluchtdruck war für ihn am Ende zu groß geworden. Jeden Morgen beim Brötchenholen, bei jedem Verlassen des Zimmers kroch die Angst in ihm hoch, jemand könnte ihn nach seinem Ausweis fragen. Er wollte sich stellen und seine Reststrafe absitzen und ich sollte ihm dabei helfen. Gemeinsam mit einem Anwalt lieferte ich ihn kurz darauf bei einer Polizeidienststelle ab. Er saß dann noch für einige Jahre im geschlossenen Vollzug der Hamburger Justizvollzugsanstalt Fuhlsbüttel und organisierte von drinnen zwei Benefizkonzerte mit meiner Band. Ich fühlte mich ein bisschen wie Johnny Cash im Folsom State Prison.

Diese beiden Gigs waren aufgrund des speziellen Publikums sehr denkwürdig und hinterließen einen starken Eindruck. Das erste Konzert spielten wir nur für die Insassen. Die zogen sich die Musik gerade so wie eine Droge rein, sie saßen dort breitbeinig und schienen regelrecht geflasht. Das waren alles Männer, die wegen schwerer Delikte zu langen Haftstrafen verurteilt worden waren, unter anderem wegen Mordes. Mit einigen konnte ich ein paar Worte wechseln, und mir lief es mehrmals kalt den Rücken runter, wenn ich Sätze hörte wie: „Ich habe meine Freundin umgebracht." Diese Kerle wirkten nicht wie eiskalte Killer, sondern eher wie verlorene Seelen. Diese Begegnungen haben mich tief berührt.

Unser zweites Gefängniskonzert gaben wir an einem Besuchstag, als die Angehörigen ins Gefängnis kommen durften. Da standen wir als Band natürlich gar nicht so im Zentrum des Interesses. Alle fanden es einfach nur nett, dass wir mit unserer Musik für eine angenehme Atmosphäre sorgten. Als die Besuchszeit zu Ende ging und die Angehörigen das Gefängnis verlassen mussten, bekamen wir hautnah die Dramen mit, die sich hinter Gittern abzuspielen begannen, als der Kontakt zur Außenwelt erst einmal wieder beendet war. Während wir noch dabei waren, die Instrumente einzupacken und die Verstärker zu verstauen, erlebten wir ein ganzes Spektrum an Emotionen, von Tränen der Trauer über Wut und Neid, dass wir gleich hier wieder rauskonnten, bis hin zu purer Verzweiflung. Diese menschliche Geräuschkulisse nach so einem Besuchstag zu erleben, war ein sehr krasses Erlebnis.

Nach seiner Zeit im geschlossenen Vollzug wurde der Ex-Ausbrecher, dem ich vorübergehend Unterschlupf geboten hatte, Freigänger und rief mich auf dem Land an. Er arbeitete bei der *Hamburger Rundschau*, einem linksliberalen Wochenblatt, und meinte: „Du musst unbedingt mal meinen Chef kennenlernen." Dieser plante nämlich, in der Stadt einen etwas anderen Radiosender an den Start zu bringen. Hintergrund waren die Mediengesetze, die Mitte der 1980er-Jahre geändert wurden, womit nun auch Privatfunk zugelassen war. Hiermit hatten sich die Grundvoraussetzungen komplett geändert, in Bezug auf den Rundfunk erlebten wir quasi eine Stunde null …

Und mein Bekannter meinte, ich wäre als politisch und kulturell interessierter Mensch genau der Richtige, um dabei zu helfen, diesen Plan in die Tat umzusetzen. Deshalb sollte ich nun unbedingt seinen Chef treffen und mit ihm reden.

Warum eigentlich nicht? Also traf ich mich mit diesem Mann und einer Gruppe von Leuten, die an dem Projekt Radio Kaktus arbeiteten. Das waren Menschen, die später allesamt beruflich mit den Medien zu tun hatten. Gute Leute. Die Wochenblattmacher, die sich regelmäßig trafen, um ihr Radioprojekt voranzubringen, waren von ihrer Idee zwar absolut überzeugt, schafften es aber dennoch nicht, einen entscheidenden Schritt weiterzukommen. Obwohl sie für die Idee schon in ihrer Zeitung geworben hatten, mussten sie sich ab einem bestimmten Zeitpunkt eingestehen, dass sie sie nicht würden realisieren können.

Was das Landleben anbelangte, stellte sich bei mir eine gewisse Ernüchterung ein, was vor allem mit dem geringen kulturellen Angebot dort zusammenhing. Ab Mitternacht war nur noch der Puff geöffnet, sonst nichts. Vielleicht hätte ich schon früher darüber nachdenken sollen. Dass mir auf dem Land dieses vielfältige kulturelle Angebot irgendwann fehlen würde, war alles andere als überraschend. Schließlich war ich seit jeher an das quirlige städtische Leben gewöhnt, hatte es genossen und mich auch selbst im Kulturbereich engagiert. Und dann hatte ich plötzlich selbst den Stecker gezogen. Nun fuhr ich immer häufiger in die Stadt – und dass mein Leben auf dem Land eine relativ kurze Episode blieb, war letztlich auch meiner nächsten Ehefrau geschuldet, die ich während meiner kleinen Landfluchten kennenlernte.

Astrid lebt bis heute in Lutzhorn und ist dort richtig glücklich, was wiederum mich jedes Mal freut, wenn wir uns sehen.

Unsere geplante alternative Bühne in Barmbek entwickelte sich übrigens nicht zu einer Erfolgsstory. Zunächst wurden wir Opfer von purem Vandalismus: Irgendwelche Leute brachen bei uns ein und zerstörten alles, was wir bis dahin mühevoll renoviert hatten, die neu installierten Toiletten, die restaurierten Fenster – alles verwüstet. Gleichzeitig zog das Ensemble des Deutschen Schauspielhauses ausgerechnet direkt auf die gegenüberliegende Straßenseite von unserer freien Bühne, weil der Malersaal nämlich ebenfalls gerade renoviert wurde. Ursprünglich hatten die Kampnagel-Hallen abgerissen werden sollen. Aber nachdem das Schauspielhaus in sein Stammhaus zurückgekehrt war, ging die Stadt auf die Forderung freier Theatergruppen ein, ihnen Kampnagel weiterhin als Spielstätte zur Verfügung zu stellen, und setzte den Abriss der Hallen aus, solange die Vorstellungen „vom Publikum angenommen werden" würden. Heute gehört Kampnagel zu den größten Offlocations für darstellende Kunst in Europa. Unsere Idee einer freien Bühne an genau dieser Stelle war also gar nicht so schlecht, nur war der Erfolg am Ende leider anderen beschieden.

Der Musik blieb ich treu. Mit meinem eigenen Musiklabel biete ich inzwischen Bands und Künstlern ein Zuhause. Meine eigenen Erfahrungen helfen dabei, mich in die jungen Musiker hineinzuversetzen. Nicht nur dass ich ihre Sprache spreche – nämlich die universelle Sprache der Musik –, ich weiß auch, wie es sich anfühlt, auf der Bühne zu stehen. Ich weiß, wie mühsam manches sein kann, wie lange es braucht, bis sich Erfolg einstellt, und wie wichtig es ist, Geduld mit sich und anderen zu haben.

Außerdem entdeckte ich die perfekte Symbiose zwischen Fußball und Musik. Erstmals spürte ich diese Verbindung beim FC St. Pauli, weshalb ich auf der Haupttribüne des Millerntor-Stadions mein Séparée 31 ins Leben rief. Dort habe ich eine Loge gemietet, die an jedem Heimspieltag zur kleinsten Konzertbühne Hamburgs wird – selbstverständlich erst nach Abpfiff! Ein Happening der besonderen Art. Aufstrebende wie gestandene Künstler haben diese Bühne schon genutzt. Wenn dann auf engstem Raum Fußballfans und Künstler aufeinandertreffen, wird nicht selten abgerockt, bis die Atemluft an den Fensterscheiben kondensiert …

RADIOMANN

*"I'd sit alone and watch your light
My only friend through teenage nights
And everything I had to know
I heard it on my radio"*

Die Liebe zum Radio, wie die Rockband Queen sie einst besang, kommt manchmal ganz zufällig, wenn Männer zu Hoffnungsträgern hochstilisiert werden, harte Rocker Tränen für ihren verlorenen Sound verdrücken und kurze Nächte in Amerika die Spreu vom Weizen trennen.

Wenn ich etwas anfange, dann bringe ich es auch zu Ende! Das war schon immer so. Dabei spielt keine Rolle, ob das jeweilige Projekt nun ein erfreuliches oder trauriges Ende nimmt. Also ging ich selbstverständlich zu der Abschlusskundgebung der *Hamburger Rundschau*, bei der die Radio-Kaktus-Idee beerdigt wurde. Alle Teilnehmer der Runde wurden sogar noch explizit dazu aufgerufen, sich von all den Gedanken und Plänen etwas mitzunehmen. Was aussah wie ein Ende, wurde zu einem Anfang, wie sich kurz darauf zeigen sollte. Im Laufe dieser Abschlussveranstaltung sprach mich nämlich der Vater eines Jungen an, den ich im Kinderhaus während meines Zivildienstes betreut hatte: „Mensch, Frank, toll, dass wir uns hier treffen. Mein Chef möchte auch Radio machen. Den solltest du mal kennenlernen!" Und tatsächlich kam es dazu, dass er und ich uns zusammenschlossen und mit zwei weiteren Musikverlegern auf eine gemeinnützige Radiofrequenz bewarben. Wie schon erwähnt war es durch die Änderung der Mediengesetze plötzlich möglich, Privatfunk zu machen, und die Stadt Hamburg war damals nicht nur fortschrittlich, sondern auch sehr schnell. Sie war das erste sozialdemokratische Bundesland, das Privatsender zuließ. Zwei kommerzielle Frequenzen waren bereits an Radio Hamburg und Radio 107 vergeben. Und wir bewarben uns nun um eine nicht kommerzielle Frequenz, weshalb zunächst eine Anliegergemeinschaft gegründet werden musste, wie es ein Beschluss der Sozialdemokraten vorsah. Diese Anbietergemeinschaft stellte uns vor einige Hürden, denn in ihr sollten alle möglichen gesellschaftlichen

Gruppen vertreten sein, die in den kommerziellen Stationen zu kurz kamen. Wir holten also die beiden christlichen Kirchen mit ins Boot, die Gewerkschaften DGB und DAG, den Landesfrauenrat, den Bund der Steuerzahler, den Allgemeinen Studierendenausschuss und die Landesschülervertretung. Letzten Endes erhielten wir unsere Lizenz – und ab dem Moment wurde das ganze Unternehmen zu einer enormen Herausforderung. Von den zahlreichen Wünschen seitens der bunt zusammengewürfelten Anbietergemeinschaft fühlte sich mein Partner bevormundet, außerdem gab es Probleme, einen Chefredakteur zu finden. Wir führten viele unergiebige Debatten, bis schließlich unsere beiden Musikverleger frühzeitig ausstiegen. Der eine verließ uns bereits vor dem Startschuss, den anderen mussten wir wenig später ausbezahlen, weil er uns durch seine Blockadehaltung unter Druck setzte. So waren wir sehr schnell nur noch zwei Gesellschafter. Unser Sender mit dem Namen OK Radio, heute Hamburg Zwei, hatte also einen recht holprigen Start. Zu allem Übel gelangten Informationen über unsere Lage und alles, was sich bei uns im Unternehmen abspielte, gleich an die Öffentlichkeit. Daraufhin hagelte es Kritik an dem damaligen Hauptgesellschafter. Der Höhepunkt dieser Auseinandersetzungen war dann ein in der *taz* veröffentlichter Artikel mit dem Titel: „Der Hoffnungsträger". Darunter ein Foto von mir, das auf der Pressekonferenz zu unserem Sendestart geschossen worden war. In dem Artikel wurde ich relativ unverhohlen aufgefordert, den Sender zu übernehmen, um das Projekt noch zu retten. Denn, gerade erst gestartet, war auch schon ein Lizenzentzugsverfahren gegen uns eingeleitet worden. In dieser prekären Situation vermutete mein Geschäftspartner natürlich sofort, dass ich diesen Artikel in der *taz* lanciert hätte, was zweifellos ein naheliegender Gedanke war. Auch wenn ich damit nichts zu tun hatte, war unsere Partnerschaft mit diesem Tag beendet. Ein vernünftiger Umgang miteinander war danach kaum noch möglich. In dieser zugespitzten Lage stand ich nun vor der Entscheidung: Entweder gingen wir gemeinsam ins Lizenzentzugsverfahren und riskierten, unser Geld zu verlieren, oder aber ich übernahm seine Anteile und versuchte allein mein Glück. Ich entschied mich für Letzteres. Plötzlich besaß ich einen eigenen Radiosender.

Zu dieser Zeit lernte ich meine zweite Frau und die Mutter meiner ersten beiden Kinder kennen. Sie war damals Geschäftsführerin der Landesschülervertretung: Sandra Maahn. Sandra war für mich eine Art Jane Fonda, eine Rebellin. Sie zog mit 30 000 Schülern durch die Straßen, führte sie vors Hamburger Rathaus, verkündete per Megafon ihr Anliegen und schaffte es damit, den Bürgermeister aus seiner Amtsstube zu holen. Eine klasse Frau!

Als wir mit OK Radio unseren Testbetrieb aufnahmen, gab es den ersten Kuss. Sandra hatte damals noch einen Freund. Also fuhr ich eines Abends zu ihr und kletterte erst einmal auf eine Parkuhr, um in die Wohnung spähen zu können und zu sehen, ob er da war. Plötzlich fiel das Licht von Taschenlampen auf mein Gesicht. Zwei Polizisten, die es wohl etwas seltsam fanden, dass jemand auf einer Parkuhr stehend in ein Fenster schaut, hatten ihren Streifenwagen angehalten und holten mich von meinem Ausguck. Nachdem ich ihnen die Geschichte erzählt hatte, nahmen sie meine Personalien auf und ließen mich gehen. Ein Nachspiel hatte das nicht – jedenfalls nicht polizeilich. Was Sandra anging schon. Ich klingelte bei ihr, und damit begann eine neue Beziehung. Adieu, Lutzhorn! Hallo, Hamburg!

Schon am Tag unseres Sendestarts im Jahr 1987 lösten wir einen handfesten Skandal aus: Einer unserer Gesprächsgäste machte Bestechungsvorgänge des Burda-Konzerns öffentlich. Sofort flatterte uns eine Klageschrift von Burda wegen falscher Anschuldigungen sowie eine Strafandrohung ins Haus. Falls wir unsere Behauptungen aufrechterhalten würden, seien 50 000 D-Mark Strafe zu zahlen. Damit flog uns an unserem ersten Tag direkt unser Unternehmenskonstrukt um die Ohren: Die Anbietergemeinschaft repräsentierte ähnlich wie die Rundfunkräte eine Vielfalt gesellschaftlicher Gruppen und hatte die Programmhoheit. Das bedeutete, dass wir, die wir über Geld verfügten, an der Programmentscheidung gar nicht beteiligt waren. Diejenigen aber, bei denen die Programmverantwortung lag, wären niemals in der Lage gewesen, so viel Geld aufzubringen. Quasi eine Gewaltenteilung, ein sogenanntes Zwei-Säulen-Modell. Und dieses Konstrukt war gleich am ersten Sendetag an seine Grenzen gestoßen, was in der Folge zu unglaublichen Reibereien führte.

Im Nachhinein gelang es mir, die gesamte Situation zu befrieden. Natürlich konnte ich nicht jede einzelne Erwartung erfüllen, die an uns gestellt wurde, aber ich ging mit jeder nachvollziehbar um. Durch meine politische Arbeit mit Bürgerinitiativen und Bunter Liste konnte ich Menschen zuhören und ihre Argumente verstehen. Meinungsaustausch, Kompromissfindung – all das war für mich kein Problem. Jedenfalls gelang es mir, die Leute miteinander ins Gespräch zu bringen. Das kam mir auch bei den Verhandlungen über den ersten Manteltarifvertrag sowie die spezielleren Tarifverträge zugute. Anfangs hatten wir noch recht viel mit der alteingesessenen Gewerkschaft Rundfunk-Fernseh-Film-Union (RFFU) zu tun, aus deren Reihen mir jemand tatsächlich in einem privaten Gespräch sagte: „Nach der Revolution werden Leute wie du an die Wand gestellt, nur dass du das weißt." Als Kapitalist stand ich für ihn einfach von vornherein auf der falschen Seite. Getroffen hat mich das nicht. Innerlich konnte ich schon damals darüber lachen … Aus der RFFU wurde dann die IG Medien, die sehr viel professioneller mit Fragen des privaten Rundfunks umging. Plötzlich wurden sogar Studien über die Arbeitswelt privater Radiosender durchgeführt. Bei allen Verhandlungen saß ich natürlich auf der Arbeitgeberseite, für die ich ohne Frage auch nützlich war, weil wir eine ganz andere Unternehmensstruktur hatten und somit auch eine andere Tonalität in diese Gespräche einführten. Bei uns gab es nicht den klassischen hierarchischen Aufbau der großen Rundfunkanstalten, wir waren viel einfacher strukturiert und auch unsere Stellenbezeichnungen waren andere. Teilweise saßen mir bei diesen Verhandlungen alte

Wegbegleiter aus meiner Zeit bei der Bürgerinitiative gegenüber. Wir saßen in unterschiedlichen Fraktionen, duzten uns aber freundschaftlich. Das war ungewöhnlich und lustig zugleich.

Zu Beginn meiner Radiokarriere nutzte ich meine Beziehungen zu dem künstlerischen Milieu. Ich wusste zwar, was alles falsch gemacht wurde, damit wusste ich aber noch lange nicht, wie man richtig Radio macht. Also lud ich alle meine Künstlerfreunde ein, um darüber nachzudenken, wie man Radio neu und kreativ gestalten könnte. Mit seinen verrückten Ideen beeindruckte mich in dieser Zeit vor allem einer: der Happeningkünstler Holger Güssefeld, den ich beim bereits erwähnten Festival der Nationen kennengelernt hatte. Er sorgte inmitten des Kalten Krieges mit Kinderbriefen für internationale Aufmerksamkeit. Mitte der 1980er-Jahre gründete Holger eine Kampagne, die organisierte, dass 200 000 Kinder aus der ganzen Welt sowohl an den damaligen US-Präsidenten Ronald Reagan als auch an den amtierenden Sowjetführer Michail Gorbatschow schrieben. Mit diesen Briefen und einer Gruppe von Kindern wurde er 1987 nach Washington eingeladen, mit seiner Friedensaktion engagierte er sich für die nukleare Abrüstung. Sehr viel später hörte ich über den Weltzukunftsrat (World Future Council), dass diese Briefe Gorbatschow schwer beeindruckt hätten. Zurückgekehrt aus Washington, stand Holger mir kreativ zur Seite und ersann für mein Radio das *Huch am Samstag*. Jedes Wochenende veranstalteten wir ein einzigartiges Spektakel und überraschten damit an öffentlichen Orten. Es gab zum Beispiel einen Demonstrationszug von Weihnachtsmännern durch die Mönckebergstraße bis hin zum Rathausmarkt, wo dann eine Abschlusskundgebung stattfand. Was die Weihnachtsmänner forderten, wie auch auf Flugblättern zu lesen war, war ein zweites Weihnachtsfest. Als Sprecher war hier sogar Corny Littmann mit von der Partie, der in Hamburg gerade als Theatermacher durchstartete. Damals berichtete eine internationale Presseagentur von der Demonstration, woraufhin sogar in Australien Artikel erschienen mit dem Tenor: „Die spinnen, die Deutschen – jetzt wollen sie ein zweites Weihnachtsfest." Wir als Macher hatten riesigen Spaß an unseren kleinen anarchistischen Spielen. Die Aufgabe für unsere Hörer war herauszufinden, ob das jeweilige Spektakel tatsächlich von uns inszeniert wurde oder ob es sich um einen akustischen Schwindel handelte. Radio ist ein Medium, mit dem man fast alles als glaubhaft vermitteln kann. Da nimmt man sich ein paar Geräusche und Töne aus den Archiven, und schon kann man eine Geschichte erzählen, die nie stattgefunden hat. Es wäre ein Leichtes, die deutsche Fußballnationalmannschaft in den Hamburger Hauptbahnhof einfahren zu lassen. Alles, was es bräuchte, wären jubelnde Menschen, irgendwelche passenden O-Töne der Fußballer und die Hintergrundgeräusche des Bahnhofs. Das könnte man derart zusammenschneiden, dass das absolut glaubwürdig rüberkäme. Und es würde nicht einmal viel Geld kosten. Im Grunde genommen waren unsere Spielchen eine Form der Medienerziehung. Uns ging es darum, dass die Hörer mündig waren, dass sie dem Medium kritisch gegenüberstanden und sich bewusst waren, dass nicht alles, was im Radio erzählt wird, per se der Wahrheit entsprechen muss. Die Ideen zum *Huch am Samstag* gingen uns jedenfalls nicht aus und sogar unsere Hörer wurden kreativ. Zum Beispiel inszenierte eine Schülerin am U-Bahnhof Berne den Verkauf von „versteinertem Honig". Sie bot eigentlich schlicht ein paar Steine feil, machte aber glauben, dass man diese nur in heißes Wasser legen müsse, um den Jahrhunderte alten Honig wieder zu verflüssigen. Für diese Aktion bekam sie von uns sogar einen Preis.

In dieser Zeit machte ich mir jede Menge Gedanken, was Radiohörer eigentlich von ihrem Sender erwarteten. Die Landesmedienanstalt hatte gerade eine Studie über die neue Rundfunklandschaft veröffentlicht, in der auch die Zufriedenheit der Hörer erforscht wurde. Die jungen Leute zeigten sich laut dieser Studie sehr zufrieden mit der Entwicklung des Radios, während die älteren für sich keine neuen Angebote ausmachten. Das erklärte sich natürlich dadurch, dass die jüngere Generation für die Werbewirtschaft und somit für Neu- und Privatsender um ein Vielfaches interessanter war als die ältere und sich aus diesem Grund alle um die jungen Leute bemühten. Das war zwar nachvollziehbar, doch ich sah diese Studie trotzdem kritisch. Sandra und ich waren nach Eimsbüttel gezogen, wo ich des Öfteren abends mit ihrem Hund einen Rundgang machte. Dabei kam ich regelmäßig am Studentenwohnheim vorbei und hörte die Musik, die aus den Zimmern auf die Straße schallte. Das war keine Musik, die irgendwo im Radio gespielt wurde. Wie konnte es also sein, dass die jungen Leute in der Studie angaben, sie seien mit den neuen Sendern zufrieden, wenn sie privat ganz andere Musik hörten? Das fiel mir auch nicht nur bei den Studenten auf, sondern auch abends, wenn ich in Eimsbüttel in eine der jüngeren Bars ging – überall lief Musik, die nirgendwo im Radio gespielt wurde. Wenn junge Leute in ihrem VW Golf mit runtergedrehtem Seitenfenster an mir vorbeifuhren und mit ihren Beats die ganze Straße beschallten, war das keine Radiomusik. Deshalb vertraute ich dieser Studie nicht, ich traute lieber meiner eigenen Beobachtung und machte mir – buchstäblich – selbst ein Bild, indem ich Bilder malte, um die Musiklandschaft zu begreifen. Ich wollte versuchen, die Beziehungen der unterschiedlichen Musikrichtungen zueinander zu verstehen. In diese Musiklandschaften malte ich dann die Radiosender, um zu begreifen, wer zu wem gehörte, wo Gemeinsamkeiten und Unterschiede lagen und wie man Unverwechselbarkeit erreichen konnte. Ich nahm außerdem jeden noch so idiotischen Termin wahr, um die Branche besser kennenzulernen. Ich besuchte zum Beispiel die IFA, die Internationale Funkausstellung in Berlin – sie hatte ja im weitesten Sinne etwas mit Radio zu tun. Anfangs konnte ich noch gar nicht beurteilen, welche Termine wichtig oder unwichtig für mich sein könnten. Und was soll ich sagen? Die IFA an sich brachte mich gar nicht weiter, aber dort machte ich eine interessante Bekanntschaft. Ich traf auf John Mönninghoff, den Geschäftsführer eines Berliner

Rundfunksenders, der sich „Radio in Berlin“ nannte und ein Frequenzsplitting mit Radio 100 hatte. Radio 100 war ein Alternativradio und sendete täglich ab 19 Uhr. An dieser Stelle muss man erwähnen, dass wir in Hamburg der letztlizenzierte Sender waren, bei dem sich die Medienanstalt all ihre offenen Wunschträume noch erfüllen wollte; den anderen Hamburger Sendern blieb das erspart. Wir aber sollten die Eier legende Wollmilchsau sein. Deshalb sendete einmal in der Woche für zwei Stunden der Offene Kanal seine Inhalte über unsere Frequenz, sodass ich mich in einer ähnlichen Situation befand wie Mönninghoff. Radio in Berlin gehörte großen Medienunternehmen, darunter Springer und RTL, die gegenüber der Medienanstalt die Beendigung des Frequenzsplittings einforderten. In dieser schwierigen Lage war John Mönninghoff als Geschäftsführer beauftragt, den Sender programmatisch weiterzuentwickeln, was allseits auf härtesten Widerstand stieß. Er war wütend auf seine Arbeitgeber, und ich war jemand, der in Hamburg quasi gegen seine Arbeitgeber sendete. Das verband uns sofort. Ich zeigte ihm meine Malereien, woraufhin er sagte: „Alles, was du dir überlegt hast, ist richtig. In Amerika nennt man das Formatradio. Es gibt da ein Buch, das du unbedingt lesen solltest: *The Program Director's Handbook*. Wenn du das gelesen hast, weißt du mehr über Radio als alle Radiomacher in unserem Land.“ Ich war baff und glücklich zugleich – was für eine tolle Begegnung. Kaum war ich zurück in Hamburg, griff ich mir das Buch und verschlang es. Es war humorvoll, salopp, lässig, amerikanisch und es beschrieb den Betrieb einer Radiostation in den unterschiedlichsten Facetten. Ich war extrem fasziniert. In Amerika gab es tatsächlich Literatur darüber, wie man Radio macht. In der Folge besorgte ich mir noch mehr amerikanische Radioliteratur, alles, was ich bekommen konnte. Das war ein entscheidender Wendepunkt für mich. Hier hatte ich etwas Inspirierendes entdeckt. Ich studierte etwas, ich lernte etwas, ich ging richtig auf in der Literatur. Meine Fantasie explodierte, als ich überlegte, was man mit Radio eigentlich alles machen konnte. Was für ein tolles Medium.

Also packte ich es an. Mit nur wenigen Mitarbeitern bereitete ich ein neues Konzept für unseren Sender vor, das auf eine junge Zielgruppe zugeschnitten war, mit Talk-Anteilen und einer großen Morningshow. Das alles war sehr innovativ; niemand in Deutschland hatte bis zu diesem Zeitpunkt auf diese Weise Radio gemacht. Ich war ein aktiver Gestalter und lernte alles Handwerkliche quasi „on the run“, also während des Machens. Die Vorbereitung auf den Tag der Programmumstellung war wahnsinnig spannend. Das Risiko war nicht zu unterschätzen; einen solchen Umbruch hatte in der Radiolandschaft bisher niemand gewagt. Wir setzten damit alles auf eine Karte. Mit dem neuen Konzept verwandelten wir unseren ursprünglichen „Rocksender mit karibischen Tupfern“ in einen jugendorientierten Radiosender. Und zwar von einem auf den anderen Tag! Auf Knopfdruck waren wir plötzlich ein Dance-Sender, hip und modern.

Eine Erinnerung aus meiner eigenen Musikerkarriere machte ich mir damals zunutze und ließ die Musik um vier Prozent schneller abspielen, was man „pitchen“ nennt. Ich wusste, dass Künstler auf der Bühne immer etwas schneller spielten als auf ihren Studioaufnahmen. Das hatte einen ganz einfachen Grund: Lampenfieber! Dieses Lampenfieber ist sehr nützlich, weil man die Wachheit und Energie braucht, um eine gute Show zu liefern. Mit der Aufregung geht aber auch der Herzschlag hoch, wodurch die Stücke automatisch etwas schneller gespielt werden. Zu dieser Zeit war die Musik bereits digital. Was einst mit der Schallplatte begonnen hatte, war inzwischen bei der CD angekommen. Mittlerweile gab es CD-Player, mit denen man auch pitchen konnte. Mit Vinyl wäre das nicht gegangen, weil sich die Tonart geändert hätte, hätte man sie schneller abgespielt. Mit der CD war das anders. Man konnte sie schneller abspielen und der Ton blieb der gleiche. Ein unhörbarer Trick, der unseren Hörern signalisierte: Auf dem Sender ist richtig was los! Die Musik lief nur vier Prozent schneller, eigentlich unmerklich, aber es machte einen kleinen, aber feinen Unterschied. Wir konnten pro Stunde einen Song mehr spielen als andere Sender. Vielleicht nicht einen kompletten Song, doch beim Publikum wirkte es, als bekäme man bei uns mehr Musik.

Die Medienanstalt stand unserer Neuausrichtung äußerst kritisch gegenüber, und auch unsere Wettbewerber stichelten regelmäßig gegen uns, schickten uns Faxe mit den Worten: „Sollen wir euch vielleicht Platten leihen?“ Radio Hamburg hatte damals gerade als innovative Strategie ausgerufen, 10 000 Titel spielen zu wollen. Das war also ihr Angebot an die Hörer: extrem viele Musiktitel. Ich fragte den Geschäftsführer damals nur sarkastisch, ob er der Meinung sei, dass es wirklich 10 000 gute Songs gebe.

Es dauerte nicht lange, da fuhren die harten Jungs mit ihren Kutten, langen Haaren und Rauschebärten auf ihren Motorrädern bei uns vor. Mit Tränen in den Augen fragten sie: „Was ist los mit euch!? Was macht ihr aus unserem wunderbaren Rocksender? Das ist ja grauenvolle Musik, die ihr jetzt spielt.“ Klar, die Fans unseres Rockformats hatten wir nun verprellt. Auch die Mitarbeiter waren eng mit der Rockmusik verbunden und mussten mehr als einmal schlucken, wenn sie jetzt mit ihren langen Matten am Mischpult saßen. Doch sie machten alle brav mit, schließlich ging es darum, den Sender und somit auch ihre Jobs zu retten.

Mit der Umstellung auf die junge Zielgruppe bekam auch unser *Huch am Samstag* einen neuen Anstrich. Nicht nur dass wir jetzt jeden Tag Aktionen planten, das Kind bekam auch einen neuen Namen: *Halluzi* – von Halluzination. Gleich die Eröffnungsnummer wurde Stadtgespräch. Wir ließen in der Binnenalster eine große Flosse auftauchen, und das *Hamburger Abendblatt* machte am nächsten Tag mit dem Hai in der Alster auf. Ein Meeresbiologe hatte auf den Artikel offensichtlich keinen Blick mehr geworfen, denn ein Hai würde im Süßwasser nicht lange überleben. Die Ideen gingen uns nie aus. Einmal ließen wir eine U-Bahn mit Schlafwagenabteil fahren, damit sich die Berufstätigen auf dem Weg zur Arbeit noch mal aufs Ohr legen konnten. Wir errichteten im Stadtparkbad eine Urinmeldeanlage. Da wurden Leute aufgefordert, aus dem Wasser zu kommen, weil sie angeblich hineingepinkelt hatten. Es gab aber auch ganz stille Aktionen, wir stellten zum Beispiel ein Verkehrsschild mit dem Hinweis „Entenübergang" auf. Oder wir positionierten Zwillinge in der komplett gleichen Kleidung in einem Café an zwei identisch aussehenden Tischen. Wer in das Café eintrat, war natürlich irritiert, dass da zwei gleiche Personen an identischen Tischen saßen. Das Schöne an all diesen Aktionen war, dass unsere Hörer sich aktiv beteiligten, anriefen und berichteten, was gerade in ihrer Nähe geschah – denn es ging darum, unsere Aktion des Tages aufzuspüren, die wir irgendwo in der Stadt geplant hatten. Durch die Anrufe und die Situationsbeschreibungen war unser Programm sehr humorvoll, denn es passieren natürlich auch im alltäglichen Leben total absurde Dinge. Da rief zum Beispiel ein Hörer an und fragte: „Hier fährt gerade ein Rollstuhl mit Blaulicht durch Altona. Ist das von euch?" Oder jemand bemerkte eine lange Autoschlange vor einer Einfahrt und entdeckte dort plötzlich eine Frau im Bikini im Liegestuhl liegend, weshalb niemand mehr ein- noch ausfahren konnte. Da lag die Frage natürlich nah: „Habt ihr das inszeniert?"

Unsere Aktionen wurden finanziell unterstützt von Thomas Wegner, dem Gründer der Unterhaltungselektronikkette Schaulandt. Er war ein sehr erfolgreicher Unternehmer, der zu dem Personenkreis gehörte, der Radio Kaktus auf die Beine stellen wollte, und der durch eine eigene Radiobeteiligung eine Zeit lang sogar mit mir konkurrierte. Für mich war Thomas Wegner aber noch viel mehr als das, quasi ein Vorbild. Das hanseatische Hamburg mit seinem Überseeclub, Hafenclub, Anglo-German-Club und was weiß ich nicht alles war extrem konservativ. Unternehmer blieben im Hintergrund, gaben keine Interviews, tauchten in der Öffentlichkeit nicht auf und lebten ihr Leben diskret im Verborgenen. Thomas Wegner war da anders. Er ging auf Partys, schmückte sich gerne mit diversen Frauen, wirkte dem Leben zugewandt. In dieser Hinsicht war er ein Eisbrecher, ein Vorreiter und Wegbereiter für mich. Das fand ich interessant an ihm und für mein Leben ebenfalls erstrebenswert.

Mein Sender machte inzwischen von sich reden. Nach kurzer Zeit gab es die ersten positiven Reaktionen. Einer unserer Morningmoderatoren kam eines Tages ganz aufgeregt zur Arbeit und sagte zu mir: „Ich war gerade mit dem Auto in der Werkstatt und weißt du was? Dort wurde doch tatsächlich unser Sender gespielt!" Allmählich berichteten im Sender immer mehr Mitarbeiter über positive Rückmeldungen aus der Stadt. Natürlich war das Feedback teils sehr subjektiv und zunächst vereinzelt, trotzdem bestärkte es das Gefühl, dass wir auf dem richtigen Weg waren und von immer mehr Leuten gehört wurden. Mein kleiner Bruder mütterlicherseits arbeitete damals im Marketing und konnte plötzlich Kooperationen eingehen, an die vorher gar nicht zu denken gewesen war. So gab es zwar immer mehr positive Reaktionen, doch herrschte trotzdem noch eine sehr bedrückte Stimmung in der Belegschaft. Die Mehrheit hielt die radikale Umstellung des Programms für zu gewagt. Unser Sound war ihnen fremd, zu ungewohnt – so eine Art Radio gab es in Deutschland eben noch nicht. Nur diejenigen, mit denen ich das neue Konzept entwickelt hatte, waren wirklich überzeugt davon, was nicht heißt, dass wir nicht auch gespannt waren, ob es sich tatsächlich durchsetzen würde.

Und dann kam gefühlt der Durchbruch innerhalb des Teams. Eines Abends feierte ein Mitarbeiter nach Feierabend seine Verlobung bei uns im Sender. Wir hatten zum Innenhof gelegen einen kleinen Balkon, auf dem wir nun standen und auf das Brautpaar anstießen. Unser technischer Leiter hatte einen Lautsprecher aufgestellt, aus dem richtig klasse Musik kam. Alle waren fröhlich und feierten ausgelassen. Irgendwann fragte jemand aus der Runde: „Sagt mal, was hören wir da eigentlich? Das ist ja unser Sender!" Von diesem Tag hatten sich die Vorbehalte in Luft aufgelöst. Alle Mitarbeiter standen fortan hinter dem neuen Programm – und setzten eine ungeheure Energie frei, die für den Erfolg so wichtig war.

Anfangs noch kritisch im Sender diskutiert, krempelten wir unser Moderationskonzept um. Zuallererst schafften wir das Sie ab und duzten uns fortan nur noch. Außerdem lösten wir uns von sämtlichen Floskeln, die man normalerweise im Radio hörte. Sätze wie „Damit gebe ich zurück ins Studio“ gab es bei uns nicht mehr. Bei anderen Sendern ging es sehr viel reglementierter zu, die hatten eine Art Bibel, in der genau stand, wie jeder Moderator zu sprechen hatte. Das war bei uns anders.

Eines Tages saß ich mit Freunden auf der Terrasse beim Abendessen, und während wir uns unterhielten, kam mir die Frage in den Sinn: Welchen Gesprächsabstand sollte ein Moderator eigentlich zum Hörer haben? Genau diese Frage stellte ich ein paar Tage später meinen Moderatoren und hoffte darauf, dass sie aufgrund ihrer Beobachtung, wie Freunde miteinander sprechen, auf den gleichen Gedanken kommen würden wie wir beim Abendessen. Mein Motto war stets: Wenn jemand selbst auf eine Idee kommt, dann sitzt sie auch! Und tatsächlich, die meisten Moderatoren kamen mit genau der Antwort zurück, die ich mir erhofft hatte: eineinhalb Meter Gesprächsabstand. Kein „Ich rede mit der ganzen Stadt“ und auch kein „Ich kuschle mit dir unter der Bettdecke“. Lediglich einer unserer Moderatoren wollte seinen Hörern das Gefühl vermitteln, in der Disco zu sein und gegen die laute Musik anschreien zu müssen. Ihm gaben wir deshalb unsere Samstagabendsendung. Wir ließen aus Amerika einen Dancemix kommen – der heißeste Groove, die heißesten Rhythmen, der heißeste Scheiß. Damit durfte er dann im Discostil seine Show gestalten und war damit auch erfolgreich. Seine Show war cool, sie war anders, sie war neu. Noch nie hatte es so einen Typen auf Sendung gegeben. Später wurde er ein sehr gefragter DJ in Hamburg.

Und es gab noch einen Mitarbeiter, der ein wenig aus der Rolle fiel. Wir waren alle auf gewisse Art Freaks aus der linksalternativen Szene, teilweise Leute, die vorher beim öffentlich-rechtlichen Rundfunk gewesen waren und denen die Arbeitsweise und Atmosphäre dort zu angestaubt gewesen war. Personell waren wir also eine ziemlich homogene Truppe, doch dieser eine Mitarbeiter passte nicht ganz ins Bild. Braun gebrannt, blondes Haar, blaue Augen, Goldkettchen. Sein Name war Sascha Oliver Martin. Schon am Namen konnte man festmachen, dass er aus etwas anderem Hause kam als der Rest der Truppe. Unser Musikchef moderierte damals die Mittagssendung und legte zum Ende seiner Sendezeit einen Song von Modern Talking auf, verabschiedete sich von den Hörern und kündigte an: „Und jetzt kommt gleich – ihr werdet es nicht glauben – der echte Dieter!" Sascha Oliver Martin ging auf Sendung und sagte, Dieter Bohlen perfekt imitierend: „Hallo, hier ist der echte Dieter." Ich saß in meinem Büro und bekam gar nicht mit, was da gerade über den Äther ging. Zwei Stunden später stand das Telefon bei unserer lieben „Empfangs-Angie", einer gestandenen Rock 'n' Rollerin, nicht mehr still. Die Leute riefen an wie die Wahnsinnigen, trotzdem wartete sie die Sendung ab, um danach mit Sascha zu mir zu kommen. Sie fragten, wie wir jetzt vorgehen sollten. „Wir haben einen Fake auf Sendung gebracht. Wie lösen wir das denn jetzt auf? Lösen wir es überhaupt auf?" Ich musste selbst erst einmal darüber nachdenken. Es wäre nicht besonders geschickt gewesen, den Leuten am nächsten Tag erklären zu müssen, dass wir sie veräppelt hatten, aber das Ganze musste natürlich aufgelöst werden. Da kam mir eine Idee. Es war kurz vor Ostern und wir hatten eine Livesendung in einem Einkaufszentrum geplant, in der die Moderatoren auf einer Bühne vor Publikum die Sendung moderieren sollten. Also beschloss ich, bis zu unserer Livesendung erst mal gar nichts zu unternehmen. „Wir lösen es vor Ort auf, wenn unser Publikum die Moderatoren sehen und die Stimmen zuordnen kann. Bis dahin halten wir die Füße still – und die Moderation läuft weiter wie gehabt.“ Unsere Hörer bekamen also weiterhin „den echten Dieter“ auf die Ohren, und wir kündigten schon im Vorfeld an, dass er auch beim Liveevent dabei sein würde. Das sprach sich natürlich herum wie ein Lauffeuer und führte dazu, dass unglaublich viele junge Leute in das Shoppingcenter kamen, um unsere Livesendung – und Dieter – zu sehen. Das war irre! Sascha Oliver Martin wurde vor Ort gefeiert wie ein Popstar. Und niemand nahm uns diesen kleinen Fake übel. Wenig später ließ sich sogar der wahre Dieter Bohlen von ihm in die Sendung einladen – da gab es dann den doppelten Dieter zu hören! Aktionen wie diese aus der Anfangszeit bescherten uns eine Menge Aufmerksamkeit, was fantastisch war.

Und dann landete eines Tages mein Vater mit dem Flieger in Hamburg – damals wohnte er in Garmisch-Partenkirchen – und bat seinen Fahrer, meinen Sender einzuschalten. Wie schon erwähnt sendete auf unserer Frequenz einmal in der Woche der Offene Kanal, und wie es der Zufall wollte, war der genau in dem Moment auf Sendung, als mein Vater im Auto den Sender einschalten ließ. Zu allem Überfluss wurde gerade auch noch über Werbung hergezogen. Da platzte meinem Vater sofort der Kragen. All meine Erklärungen, dass ich dafür nicht verantwortlich war, weil diese zwei Stunden von der Medienanstalt veranstaltet wurden und nichts mit meinem Sender zu tun hatten, waren vergeblich. Natürlich schaltete er den Sender ein paar Tage später nochmals ein, konnte jedoch keinen Unterschied ausmachen. Er merkte nicht einmal, dass sich der Sound komplett geändert hatte, aber das war auch nichts, wofür er sich interessierte. Für ihn war die Musik vorher grauslich gewesen und jetzt eben auch. Er verlangte, ich solle den Sender dichtmachen und kein weiteres Geld mehr in das Projekt investieren. Ich war sprachlos. Zu diesem Zeitpunkt hatte ich bereits rund 3 Millionen Mark in den Sender gesteckt. Die Generation der Nachkriegsunternehmer, zu denen mein Vater gehörte, fackelte damals nicht lang. Wenn ein Business nicht auf Anhieb funktionierte, wurde es kurzerhand eingestellt. Mein Vater war sich auch nicht über den Wert einer Radiolizenz bewusst. Insofern war Dichtmachen seine logische Konsequenz.

Wieder einmal war es eines meiner Geschwister, das mir zur Seite sprang. Zufällig war nämlich gerade meine in Amerika lebende Schwester in Hamburg zu Besuch. Das war mein Glück und meine Rettung. Sie hatte ebenfalls meinen Sender gehört, und da sie amerikanisches Radio kannte, wusste sie: Der Frank ist eigentlich allen anderen eine Nasenlänge voraus – trotz einiger künstlerischer Eskapaden. Doch wie erklärte man das unserem Vater? Sie studierte damals Film, also sagte sie zu ihm: „Papa, machst du das auch mit mir, wenn mein erster Film floppt? Ziehst du dann sofort den Stecker?“ Mir kam damit eine schlichte Tatsache zugute: Väter können ihren Töchtern nur schwer einen Wunsch abschlagen. So kam es, dass ich meinen Sender zumindest verkaufen durfte. Vielleicht mutet es etwas merkwürdig an, dass mein Vater mir, einem erwachsenen Mann mit zwar vererbtem, aber eigenem Vermögen, vorschreiben konnte, meinen eigenen Radiosender zu verkaufen. Aber genau so war es. Das Wort meines Vaters war Gesetz. Für mich stand das vollkommen außer Frage, denn es war sein Geld, Geld, das mein Vater erwirtschaftet hatte. Gegen seinen Willen hätte ich nie weiter in meinen Sender investieren können.

Wohl oder übel begann ich, Verkaufsgespräche zu führen, die ich ganz bewusst in die Länge zog. Die nächste Mediaanalyse war bereits angekündigt, und ich wusste, dass sie sehr positiv ausfallen würde. In diese Zeit fiel auch ein Medienempfang in der Hamburger Kunsthalle, an dem Medienmacher aus ganz Deutschland teilnahmen, unter anderem eben auch ich. Im Laufe des Empfangs kam Hermann Stümpert, damaliger Programmdirektor von R.SH, auf mich zu und beglückwünschte mich, obwohl noch gar keine Zahlen bekannt waren. Er war der Einzige, der das Potenzial unseres Konzepts erkannte, also gratulierte er mir schon vorab. Etwas, das mich bestätigte und in dem Gefühl bestärkte, auf dem richtigen Weg zu sein. Wenig später lagen dann endlich die Zahlen der Mediaanalyse vor – und sie übertrafen unsere kühnsten Erwartungen. Wir hatten eine enorme Einschaltquote, doppelt so viele Hörer wie angenommen. Siebzig Prozent der unter Dreißigjährigen hatten uns am Tag zuvor gehört – das war revolutionär.

Damals gab es die Funkkombi Nord, einen Zusammenschluss der Verlegersender R.SH, Radio Hamburg und ffn. Sie bildeten das Gegengewicht zu NDR 2, dem werbevermarkteten öffentlich-rechtlichen Sender, und sie waren Marktführer. Darauf waren sie stolz und nutzten das selbstverständlich als ihr Verkaufsargument. Nun hatte ich mit meinem Sender – ausgerechnet in der wichtigsten Zielgruppe – ein riesiges Stück vom Kuchen der Funkkombi Nord stibitzt, genauer gesagt von Radio Hamburg. Plötzlich waren sie nicht mehr Marktführer in der jungen Zielgruppe, waren nicht mehr der stärkste Wettbewerber neben NDR 2 – die attraktiven Hörer, nämlich die jungen, hatte plötzlich ich.

Niemand hatte erwartet, dass unser Programm so gut ankommen würde. Plötzlich waren wir stadtbekannt. Die Teenies lungerten vor unserem Studio. Unsere Moderatoren wurden gefeiert wie Stars und unsere Nachtmoderatoren entwickelten sich zu den gefragtesten DJs der Stadt. Es war eine Sensation. Nun übten R.SH und ffn Druck auf Radio Hamburg aus und zwangen den Sender, mit mir in Verhandlungen zu gehen. Jetzt ging es auf einmal nicht mehr um eine mögliche Übernahme, jetzt ging es darum, dass sie meine Hörer brauchten, um wieder das werbestärkste Angebot machen zu können. Meine Verhandlungsposition hatte sich über Nacht erheblich verbessert. So kam ich an den Futtertrog der nationalen Werbung, der damals einen Großteil der Radiowerbung ausmachte und der mir sonst verschlossen geblieben wäre. Nun aber wurde ich Teil dieser werberelevanten Struktur und konnte von den großen Agenturen für die Schaltung nationaler Werbung berücksichtigt werden. Damit war der Sender endgültig über jeden Zweifel erhaben, die Funkkombi Nord nahm mich auf und mein Vater bestand nicht mehr auf den Verkauf des Senders – im Gegenteil. Er begleitete nun aufmerksam, was bei uns im Sender passierte. Das hatte etwas Rührendes. Er wurde auch von allen Seiten auf den Erfolg seines Sohnes angesprochen, was natürlich eine tolle Wendung war – für ihn, für mich, für uns beide. So rettete ich meinen Sender.

Den Erfolg, der sich langsam einstellte, empfand ich als große Genugtuung. Plötzlich war ich gefragt, man interessierte sich für mich; für mich verbanden sich schlagartig Politik, Musik und Kultur – drei Eckpfeiler meines Lebens.

Ich erinnere mich gern an den ersten großen gesellschaftlichen Anlass, bei dem ich mich als anerkannter Radiomacher schick im Anzug blicken ließ. Wie so oft gehörte ich zu den letzten Gästen des Abends und zu einem meiner letzten Drinks gesellte sich ein junger Mann zu mir an die Bar. Er fragte, wer ich sei, und meine Antwort überraschte ihn offensichtlich: „Quatsch, das glaube ich nicht! Frank Otto ist doch ein ganz anderes Kaliber." Das musste er mir erklären! Es stellte sich heraus, dass dieser junge Mann auf dem Internat in Sankt Peter-Ording gewesen war und dort wilde Geschichten über mich und meine Zeit dort gehört hatte. Alle Geschichten, die mir damals schon über frühere Schüler erzählt worden waren, waren nach meinem Rauswurf mir angedichtet worden. Alles, was eine ganze Reihe von Schülern auf diesem Internat angestellt hatte, sollte plötzlich ich ausgefressen haben. Für diesen jungen Mann war Frank Otto der deutsche Che Guevara. Und nun saß ich an diesem Abend vor ihm – spießig im dunklen Anzug, mit weißem Hemd und Krawatte. Das passte für ihn überhaupt nicht zusammen. Für mich war das ein äußerst amüsanter Ausklang des Abends – ich hatte nicht die geringste Ahnung gehabt, dass ich auf meinem ehemaligen Internat zu einer Legende geworden war.

Natürlich nahm ich jetzt auch an den großen Radiomessen in Amerika teil. Die Radio Broadcast International, eine Firma aus Nürnberg, organisierte jährlich eine Reise zu diesen Radiomessen. In Amerika ist generell alles etwas größer, schicker, frecher. Jeder Radio- und jeder Programmdirektor war natürlich gerne bereit, eine solche Amerikareise auf Firmenkosten zu unternehmen. Wäre ein Flieger abgestürzt, hätte Deutschland wohl auf einen Schlag seine komplette Radioführungsriege verloren. Am Rande der eigentlichen Messe wurden dort legendäre Partys gefeiert, unvergessliche Abende, über die man ein eigenes Buch schreiben könnte. Ein Highlight von vielen erlebte ich in San Francisco. Dort fand eine große Radioveranstaltung mit etwa 3500 Teilnehmern statt. Die Crème de la Crème der Künstler- und DJ-Szene trat dort auf – es war spektakulär. Später gab es dann in einem kleinen Club eine weitere Veranstaltung, allerdings für lediglich 300 geladene Gäste – und dort spielte David Bowie. Man muss dazusagen, dass David Bowie zu der damaligen Zeit mit seiner Musik ein entscheidendes Problem hatte: Er wurde nicht im Radio gespielt. Er kam also mit seiner Band Tin Machine auf die Bühne und alle Bandmitglieder trugen T-Shirts mit der Aufschrift: „Fuck The Format!“ Er sprach sich also sehr deutlich gegen das aus, was mich erfolgreich gemacht hatte. Dennoch verstand ich seine Botschaft. Nicht ohne Grund wies unser Format viele Brüche auf. Wir waren keineswegs ein reiner Hit- oder Musiksender, wir bedienten sehr unterschiedliche Nischen – auch im Abendprogramm. Unter anderem spielten wir dort auch diese bewusst unkommerzielle Band David Bowies. Ich durfte also sagen: „Wir spielen euch sehr wohl!“

Etwas konnte ich schon immer richtig gut: feiern. Während die meisten Programmdirektoren und Geschäftsführer langsam schlappmachten, blühte ich erst richtig auf. In Amerika wurde gefeiert und gefeiert, jeder hatte jeden lieb – wie es eben so ist, wenn der Pegel steigt, die Musik einen befeuert und die Euphorie keine Grenzen kennt. Nun wusste ich durch meine ausführliche Lektüre, worauf es beim Radio ankam. Also stand ich nach drei Stunden Schlaf morgens um vier, halb fünf auf und ging in die Morningshows der Radiostationen, denn die Primetime des Radios ist morgens. Es gab nur wenige Kollegen aus Deutschland, die das Gleiche taten; die meisten lagen noch in ihren Kojen. Ich aber wollte wissen, wie die Amerikaner die wichtigste Sendung des Tages produzierten. Also ging ich morgens in aller Herrgottsfrühe in diese Sendungen. Und es lohnte sich! Was ich dort sah, führte zum Beispiel dazu, dass ich unser Studio später umbaute. Meine Mitarbeiter arbeiteten danach im Stehen – das hatte ich mir unter anderem abgeguckt. Ich war nicht ganz der Einzige, der sich nach kurzem Schlaf aus dem Bett gequält hatte. Wir waren eine Handvoll Leute, mit denen ich früh morgens im Hotelfoyer zu den Morningshows ausgeschwärmt war. Und diese Leute merkte ich mir. Denn langsam vergrößerte sich mein Netzwerk und damit auch mein Bedarf an fähigen Mitarbeitern. Diese Radiomacher hatten mir durch ihre morgendliche Disziplin gezeigt, dass sie ähnlich tickten wie ich. Das war schon mal gut zu wissen.

Nicht selten wurde ich in dieser Zeit um Hilfe gebeten. Wenn Radiosender in Schwierigkeiten gerieten, wurde ich als Retter in der Not gerufen. Meine Hilfe bot ich gern an – gegen Anteile. So kam ich zu weiteren Radiobeteiligungen. Ich stand diesen Hilfe suchenden Sendern zur Seite, analysierte, was falsch gelaufen war, und wusste meistens auch, was man besser machen konnte. Ich ging stets unvoreingenommen an die Aufgaben heran. Es war mir wichtig, nicht aufgrund irgendwelcher Kriterien über Menschen zu urteilen, bevor ich sie nicht selbst kennengelernt und mit ihnen gesprochen hatte. Man kann Menschen letzten Endes nur richtig einschätzen, wenn man sie in der persönlichen Begegnung erlebt. Je mehr Beteiligungen an Radiosendern

▲ Mit meinem Vater 1960 am Flughafen Nizza.
© privat

▶ Kurz nach meiner Geburt 1957 mit meiner Mutter.
© privat

Ein typischer Nachmittag in den 1970er-Jahren – man beachte meinen skeptischen Blick.

© privat

Meinen Zivildienst leistete ich 1976 im progressiven Kinderhaus ab.

© privat

▸ Am Schlagzeug kam meine extrovertierte Seite zum Vorschein. © privat

▾ Ein typisches Auftrittsplakat unserer Band City Nord. © privat

▲ „Am Bauzaun" – eine Szene, die ich der Demonstration in Brokdorf nachempfand. © privat

◂ Stillleben hingegen waren weniger mein Ding. © privat

▾ Freund mit großer Geste – dieses Bild hängt über meinem Esstisch. © privat

▲ Die Formation Goya zeigt wunderbar den damaligen Zeitgeist – Schulterpolster inklusive.
© Axel Zajaczek

▼ Mit dem Schmetterlingssymbol ins Hamburger Rathaus – das war 1978 unser Plan.
© privat

▶ 2019 war ich als Redner bei der Kundgebung von Fridays for Future in Hamburg eingeladen.
© privat

◀ Mit dem Brot-Panzer 2012 in Rio de Janeiro. © privat

Bürgerinitiativen
in die Bürgerschaft
BUNTE LISTE - WEHRT EUCH
Initiativen für
Demokratie und Umweltschutz
wählt:
Bunte Liste - Liste 11

World Future Council
BreadTank.org

▲ Mein Engagement für die Deutsche Meeresstiftung verschafft mir immer mal wieder eine schöne Fahrt auf dem Forschungsschiff Aldebaran. © privat

▼ Wenn Fußball-Kult auf Musik-Leidenschaft trifft – Konzert in meinem Séparée 31. © Florian Weihnert

ich erwarb, desto mehr Leute brauchte ich, die Aufgaben in den jeweiligen Sendern übernehmen konnten und auf meiner Wellenlänge lagen. Ich konnte ja nicht alles selbst machen. Peu à peu gab ich meinen amerikanischen Morningshowmitstreitern einen Sender, den sie betreuen durften. Und irgendwann arbeiteten sie alle für mich.

Es stellte sich in dieser ganzen Zeit beinahe ein Gefühl der Unbesiegbarkeit ein – bis der öffentlich-rechtliche Rundfunk auf die neue private Konkurrenz antwortete und auf verschiedenen Frequenzen extra Programme für junge Leute ins Leben rief. Die Konkurrenz wurde größer, die Unterscheidbarkeit kleiner und auch die Erfolgsaussichten. Ich hatte eine Innovation angestoßen, die mir nun zum Verhängnis wurde.

Mittlerweile bin ich längst nicht mehr im operativen Geschäft tätig. Wenn ich hin und wieder Radiosender besuche, bin ich immer verblüfft über die Raffinesse, mit der heute Programm gemacht wird. Die Zeit bleibt eben nicht stehen. Die technischen Möglichkeiten sind inzwischen völlig andere, sie entwickeln sich stetig weiter, werden intelligenter und raffinierter. Ich bin auch immer wieder beeindruckt, was manche Radioleute auf die Beine stellen. In diesem Medium arbeiten inzwischen sehr viele, die kompetenter sind als ich. Immer mal wieder kommt es vor, dass ein Sender, an dem ich noch heute beteiligt bin, für den renommierten Deutschen Radiopreis nominiert wird. Und auch wenn ich konzeptionell nichts dazu beigetragen habe, bin ich natürlich trotzdem stolz darauf.

Im Rückblick haben die 1990er-Jahre für mich einen ganz eigenen Stellenwert. In dem Jahrzehnt zuvor war ich vorrangig Künstler gewesen, und in den 1990ern wurde ich plötzlich ein Businesstyp, der Geschäfte machte, was extrem aufregend für mich war.

ALLES IN BEWEGUNG

„Ich habe nie vom Erfolg geträumt, ich habe dafür gearbeitet", sagte einst die Unternehmerin Estée Lauder. Von Fleiß und Durchhaltevermögen kann sicher jeder erfolgreiche Entrepreneur ein Lied singen. Wegen eines unverzichtbaren Autotelefons wird schon mal stundenlang im Kreis gefahren, nach Feierabend mit den wütenden Besetzern des eigenen Radiosenders verhandelt oder vor Gericht Instanz für Instanz für die eigenen Überzeugungen gekämpft. Nur gut, wenn da der Brunnen im eigenen Vorgarten quasi zum autogenen Training und zum Abschalten taugt.

Während ich mich als Radiomacher zu etablieren begann, blieb die Welt natürlich nicht stehen. Im Gegenteil. Sie befand sich in einem grundlegenden Umbruch. Michail Gorbatschow hatte einen Entspannungsprozess im konfliktreichen Ost-West-Verhältnis angestoßen und in der DDR wurde der Bürgerprotest gegen die SED-Führung immer lauter. Zum Ende des Jahrzehnts begann sich der eiserne Vorhang langsam zu heben. Sandra volontierte bei OK Radio und wurde zur Nachrichtenfrau. Wir beide waren in dieser Zeit regelrechte Workaholics. Monatelang arbeiteten wir wie besessen und gönnten uns keinen Urlaub. Als wir uns dann endlich ein paar Tage Urlaub nahmen und es uns in Paris gut gehen lassen wollten, geschah etwas Unglaubliches. Nachdem wir im Hotel eingecheckt hatten, ging Sandra ins Bad, um sich frisch zu machen, und ich legte mich einen Moment aufs Bett und schaltete aus Langeweile den Fernseher an. Dort sah ich im französischen Fernsehen Bilder, die ich total surreal fand. Damals war der französische Film für seine surrealistischen Darstellungen bekannt, sodass ich ins Bad rief: „Sandra, ich sage es ja immer: Der französische Film ist der geilste!" Als sie aus dem Bad kam, guckte sie, was da gerade über den Bildschirm flimmerte. Und sie hatte im Gegensatz zu mir einen entscheidenden Vorteil: Sie sprach Französisch! Dann sagte sie: „Frank, das ist kein Film! Das sind die Nachrichten!" Im Fernsehen wurde tatsächlich gerade über den Mauerfall berichtet – wir alle kennen diese Bilder von den auf der Mauer tanzenden Menschen. Das war im Jahr 1989 bereits das zweite Mal, dass Sandra bei einem außergewöhnlichen nachrichtlichen Ereignis nicht in der Redaktion anwesend war. Das Gleiche war ihr schon im Juni widerfahren, als das chinesische Militär auf dem Platz des Himmlischen Friedens in Peking gewaltsam die Proteste der Bevölkerung niederschlug. Verständlicherweise war sie nicht besonders glücklich darüber. Ehrlich gesagt ärgerte sie sich sogar ziemlich. Sie als Nachrichtenfrau hatte im Grunde die zwei wichtigsten Ereignisse des ganzen Jahrzehnts verpasst! Andererseits war es für uns auch total irre, den Mauerfall in Frankreich zu erleben. Als wir abends essen gingen, machte man uns ziemlich schnell als Deutsche aus. Jedenfalls wurde uns an diesem Abend überall gratuliert. Das war schon sehr besonders. Später hörte man immer wieder, dass die Franzosen Angst vor der Wiedervereinigung gehabt hätten. Das kann ich, nach unseren Erfahrungen an jenem Abend, nicht nachvollziehen und auch nicht wirklich glauben.

OK Radio steckte zu dieser Zeit noch in seinen Kinderschuhen. Im Vergleich waren wir eine 100-Watt-Glühbirne, die sich gegen 80 000 Kilowatt behaupten musste – also gegen Radio Hamburg und gegen den öffentlich-rechtlichen Rundfunk. Als kleiner Sender waren wir selbstverständlich noch nicht an irgendwelche Redaktionsnetzwerke angeschlossen, weil wir uns das gar nicht leisten konnten. Das bedeutete, dass wir die Nachrichten aus Deutschland und der Welt selbst erfassen und abbilden mussten und es keinen Nachrichtendienst gab, der uns mit News belieferte. Als der Sonderparteitag der SED einberufen wurde, war sofort klar, dass wir von dort berichten wollten. Wir fragten viele kleinere Stationen, von denen wir wussten, dass sie auch nicht in der Lage waren, sich den großen Nachrichtendiensten anzuschließen, ob sie Interesse hätten, unsere Berichterstattung für ein kleines Salär zu übernehmen. Am Ende hatten wir eine ganze Menge Sender beisammen, die mitmachten und uns unterstützten, sodass Sandra und ich im Dezember 1989 mit meinem VW Golf und einem T-Netz-Autotelefon nach Ostberlin fuhren, um vom SED-Parteitag zu berichten. Wir quartierten uns am Platz der Republik in einem Hotel ein, wo Sandra ihre Radiobeiträge auf einer mitgebrachten Bandmaschine aufnahm. Damals wurde alles noch auf Band aufgezeichnet. Diese Beiträge überspielten wir per T-Netz-Telefon in den Westen. Um den Telefonakku immer wieder aufzuladen, fuhr ich andauernd mit dem Auto rund um den Platz der Republik. Eine verrückte Zeit.

Als die Mauer endgültig gefallen war, wurden die Radiosender im Osten neu aufgeteilt. Viele Frequenzen, die neu zur Verfügung standen, wurden öffentlich ausgeschrieben. Und auf eine dieser Frequenzen bewarb auch ich mich. Es ging um einen sächsischen Radiosender, weshalb ich mir Partner in Leipzig suchte. Ich knüpfte Kontakte zu jemandem, der ein Stadtmagazin herausgab, holte eine Promotionagentur ins Boot und ein Glasfasertechnologie-Unternehmen, das große Werbetafeln bemusterte. Das waren allesamt Leute, die einen Bezug zur Medienbranche hatten und nicht vollkommen neu in der Branche waren. Zusammen entwickelten wir ein Konzept, das wir der sächsischen Medienanstalt präsentierten. Die Antragsverfahren der Medienanstalt waren damals so etwas wie runde Tische. Dort saßen an die fünfzig Personen, vor denen man sein Konzept darlegen musste. Außerdem waren diese Verfahren – anders als in Westdeutschland – öffentlich. Das bedeutete, dass einem dort nicht nur diese fünfzig Herrschaften lauschten, sondern auch alle Mitbewerber. Das war äußerst interessant, denn so konnte jeder verfolgen, wie sich die einzelnen Bewerber dort präsentierten. Unter anderem bewarben sich die Franzosen – in Form der NRJ Group –, sehr charmant vorgetragen von einem Mann, der Deutsch mit französischem Akzent sprach. Während seiner Vorstellung sagte er den Satz: „Wir Franzosen lieben die Sachsen!“, was natürlich glatt gelogen war. Historisch gesehen war dieser Satz völliger Blödsinn, aber er hatte gesessen, das spürte ich. Wenn solch ein Satz mit französischem Akzent gehaucht wird – ich kann es nicht nachmachen, weil ich wie gesagt kein Französisch spreche –, dann ist dem schwer etwas entgegenzusetzen. Spätestens da wusste ich, das wird ein harter Brocken für mich. Aus meiner Sicht hatte ich zwar den besten Antrag abgegeben und auch die besten Ostpartner, aber für NRJ sprach einfach der Charmeur. Und so musste ich am Ende ohne Lizenz und unverrichteter Dinge wieder abziehen. Die Lizenz ging an Energy Sachsen.

Den Gründer und Hauptaktionär von NRJ (nur außerhalb des französischen Sprachraums hieß es Energy), Jean-Paul Baudecroux, lernte ich einmal in einem anderen

Zusammenhang kennen. Da ging es darum, dass ich einen Partner für mein Hamburger OK Radio suchte. Die Firmengeschichte der NRJ Group gefiel mir sehr. NRJ steht für Nouvelle Radio Jeunesse, übersetzt also neues Jugendradio, was meiner Idee von Radio entsprach. Als junger Mann hatte Jean-Paul Baudecroux im Badezimmer seiner Studentenwohnung eine Sendeanlage aufgebaut und von dort aus Paris erobert. Seine Wohnung hatte auf dem Montmartre gelegen, der höchsten natürlichen Erhebung der Stadt, sodass er mit seinen Radiowellen die ganze Stadt erreichte. Seine Radiogründung fiel in eine Zeit, in der in Frankreich Privatfunk zwar schon erlaubt, aber noch kein Rundfunkgesetz erlassen war. Als es wenig später das entsprechende Gesetz gab, sollte der junge Mann sich offiziell um eine Radiofrequenz bewerben und zu diesem Zweck erst einmal seinen Sender abschalten. Das aber wollte er auf gar keinen Fall. Und dann gingen tatsächlich 500 000 Leute in Paris auf die Straße, damit dieser Sender nicht abgeschaltet wird. Dieser kleine Radiosender mobilisierte die Massen, weshalb den Behörden eigentlich gar nichts anderes übrig blieb, als ihm seine Radiolizenz zu erteilen. Diese Geschichte war mir natürlich sympathisch – eine Art Pariser Piratensender. Aus diesem Grund wendete ich mich überhaupt erst an Monsieur Baudecroux. Er aber war weder von meinen Fähigkeiten überzeugt noch konnte er dem Konstrukt unserer Anbietergemeinschaft etwas abgewinnen. Er machte unmissverständlich deutlich, was er davon hielt, mit Gewerkschaften kooperieren zu müssen.

Das war definitiv nicht sein Ding. Und auch sonst war er ein bisschen merkwürdig. Er war ein gut gekleideter Mann, der offensichtlich stolz darauf war, eine große Senderkette in Frankreich zu besitzen. In seinem Büro hingen überall Fotos – Monsieur Baudecroux mit Madonna, mit Phil Collins und anderen Stars. Das Skurrilste aber war, dass ich auf einem Stuhl vor seinem Schreibtisch Platz nehmen durfte, bei dem die Stuhlbeine absichtlich gekürzt waren. Am Ende war ich froh, dass er nicht mein Partner wurde.

Auch als es um eine Radiobeteiligung in Berlin ging, hatte ich zunächst das Nachsehen. Ich hatte einen Antrag eingereicht und plante eigentlich, in der neuen Hauptstadt ein Jugendradio nach dem Hamburger Konzept zu etablieren. Leider kam ich auch hier nicht zum Zuge, weil ein kleines Kabelradio namens Kiss FM die Lizenz erhielt. Allerdings gab es da ein Problem: Die Medienanstalt traute dem kleinen Sender nicht zu, wirtschaftlich überlebensfähig zu sein, weshalb er mit uns zwangsverheiratet wurde. Kiss FM empfand das als Übernahme, ich als Wermutstropfen. Immerhin positionierte sich der Sender ganz klar mit Black Music und R&B und ich wusste: Wenn diese Musikrichtung irgendwo in Deutschland funktionierte, dann in Berlin. Also entwickelte ich mit dem Sender zusammen neue Konzepte – bis sich herausstellte, dass daran wenig Interesse bestand. Eigentlich war nur mein Geld gefragt, nicht meine Ideen. Für jemanden, der Frank heißt und nicht nur Otto, war das durchaus beleidigend. Egal ob es darum geht, Geld zu verdienen oder einfach nur Geld auszugeben, weil beispielsweise mein Haus renoviert werden soll, grundsätzlich gibt es mein Geld immer nur mit mir. Ich bin immer dabei, schaue, wohin das Geld geht. In dem Sinne bin ich kein Investor. Das sind Leute, die zu viel Geld haben, sodass sie sich beraten lassen müssen, was sie damit eigentlich machen können. Das sieht bei mir anders aus. Die Projekte, in die ich Geld pumpe, haben alle etwas mit mir zu tun. Ich brauche auch keine fremden Ideen – ich habe selbst welche und mein Umfeld hat welche. Ich bin auf keine weiteren angewiesen. Insofern fand ich die mir zugedachte Investorenrolle ziemlich unbefriedigend.

Eine Gesellschafterin, die gleichzeitig die Geschäftsführung innehatte, wurde von einigen Mitarbeitern angestachelt, sah sich irgendwann als die Speerspitze einer Bewegung und glaubte, sich mit mir anlegen zu können. Als wir uns zusammensetzten, um uns auf eine zukünftige Geschäftsführung zu einigen, hielt sie eisern an ihrer Position fest und meinte, alles besser zu wissen als ich. Also ließ ich sie wissen, dass die Zusammenarbeit in einer Gesellschaft so nicht funktionierte. Wir müssten uns schon verständigen und dann gemeinsam jemandem unser Vertrauen schenken. Als sie sich zähneknirschend darauf einließ, war mir klar, dass sie dem neuen Geschäftsführer keine Ruhe lassen würde, egal wer es am Ende werden würde.

Weil ich vermeiden wollte, dass eine Person meines Vertrauens in der Festanstellung von ihr torpediert würde, hielt ich mich mit „echten“ Vorschlägen zunächst zurück. Solch ein Umgang mit Menschen war für mich nicht vertretbar.

Ich schlug daher jemanden vor, dem von vornherein bewusst war, dass er nur ein Übergangsgeschäftsführer sein würde. Allerdings ahnten weder er noch ich, wie kurz seine Amtszeit sein würde. Nachdem er sich der Belegschaft vorgestellt hatte, ließ er sich von einem der Mitarbeiter in die Unternehmensbelange einführen und beraten. Er notierte diese Überlegungen und Ratschläge auf einen Zettel, darunter auch seine Entlassungsempfehlungen. Der beratende Kollege nahm diesen Zettel, stellte sich vor die gesamte Belegschaft – inklusive unserer oben erwähnten Gesellschafterin –, hielt den Zettel in die Höhe und rief: „Nun guckt euch an, was der Neue hier vorhat!" Der Geschäftsführer legte sofort sein Amt nieder. Eine solche Illoyalität machte jegliche weitere Zusammenarbeit unmöglich. So stand der Sender nach kürzester Zeit ohne Geschäftsführer da, weshalb ich zu einer Notgesellschafterversammlung nach Berlin gebeten wurde. Zu diesem Termin nahm ich Andreas Clausen mit, einen Mann, der bei uns in Hamburg die Talksendung *AC – Talk to me* machte. Nach der Versammlung ging ich mit Andreas noch auf ein Gläschen in eine Kneipe, wo mich per Anruf die Nachricht erreichte: „Der Sender wurde besetzt!" Die Mitarbeiter hatten sich tatsächlich verbarrikadiert und rechneten damit, dass jeden Moment die Mannschaftswagen der Polizei vorfahren würden. Sie glaubten also, dass ich die Polizei rufen und mir Zutritt zum Sender verschaffen würde. Aber das war so gar nicht meine Art! Ich fuhr mit Andreas zum Sender, klopfte einfach an die Tür und hörte eine Stimme fragen: „Wer ist da?“ „Na, wer wohl, Frank Otto. Ich wollte mal mit euch sprechen.“ Da wurde es unruhig auf der anderen Seite der Tür. „Scheiße! Der Chef ist da. Was machen wir denn jetzt?“ Es dauerte einen Moment, doch schließlich bauten sie die Barrikaden ab, öffneten die Tür und ließen mich eintreten. Ich holte tief Luft: „Leute! Was ist denn los? Was habt ihr denn für ein Problem?“

„Du willst aus unserem Sender ein Hitradio machen!“

„Wie bitte? So ein Quatsch, das ist doch kompletter Unsinn.“

„Du hättest uns jemanden wie Andreas Clausen als Geschäftsführer geben sollen, einen innovativen Menschen mit Standing. Stattdessen setzt du uns jemanden vor die Nase, der erst einmal die halbe Belegschaft entlassen will.“

„Andreas Clausen? Den wollt ihr?“

Ich sah Andreas an: „Würdest du es denn machen?“

Andreas überlegte nicht lange. „Klar, warum nicht?“

So kam es, dass Andreas Clausen spontan Geschäftsführer bei Kiss FM wurde. Was eine hervorragende Entscheidung für das Klima innerhalb des Senders war, der sich bestens entwickelte und erfolgreich wurde. Andreas war einer meiner Zöglinge bei OK Radio. Er wusste, wie man Radio machte und bei wem er jederzeit Rat finden konnte. Die Mitarbeiter bekamen somit das, was sie sich wünschten, und merkten, dass ich gar nicht gegen sie war, sondern auf ihrer Seite stand. Eine Win-win-Situation für alle Beteiligten – außer für die besagte Gesellschafterin. Am Ende musste ich sie aus der Gesellschaft wegen geschäftsschädigenden

Verhaltens ausschließen. So etwas tut man ungern, doch mir blieb letztlich keine andere Wahl.

Anfang der 1990er-Jahre arbeitete ich wie ein Verrückter. Rund um die Uhr stand ich unter Strom. Als dann meine älteste Tochter geboren wurde, wusste ich, dass ich daran etwas ändern musste. Damals waren wir gerade von der Eichenstraße in die Herbert-Weichmann-Straße gezogen, und dort gab es einen alten Brunnen im Vorgarten, den ich wiederherstellen ließ. Diesen Brunnen habe ich als Entspannungsort genutzt, wenn ich abends von der Arbeit nach Hause kam. Das Wasserplätschern des Brunnens verstand ich als Signal, meinen letzten Gedanken an den Job nun an mir abtropfen zu lassen – im wahrsten Sinne des Wortes. Wenn ich ins Haus trat, nahm ich direkt meine andere Rolle an: die des Papas. Ich wollte keine Arbeit mehr mit nach Hause nehmen, wollte wirklich da sein. Und das gelang mir auch. In meinem heutigen Vorgarten steht auch ein Brunnen, allerdings ist er momentan nicht in Betrieb. Das sollte ich dringend ändern lassen, wenn ich jetzt darüber nachdenke …

Erst kamen die Kinder, dann die Heirat – so war es in beiden meiner Ehen. Frauen haben oft ein verstärktes Bedürfnis nach Absicherung, sobald Kinder auf der Welt sind. Das ist auch nachvollziehbar. Je kleiner die Kinder sind, umso stärker sind die Mütter gefordert. Und das hat auch Konsequenzen für die berufliche Perspektive, das ist keine Frage. Sandra arbeitete zwar weiterhin, aber sich auf die Karriere zu fokussieren, war einfach nicht mehr möglich. Als Hippie, der ich eigentlich immer noch war, fand ich heiraten eher spießig, aber auch notwendig, um den Kindern einen ordentlichen Rahmen zu geben. Vielleicht spielt bei manchem auch der Wunsch eine Rolle, die Liebesbeziehung zu veredeln. Aber das war eigentlich weniger mein Antrieb. Als Sandra und ich heirateten, waren die Kinder schon alt genug, um bei unserer Hochzeit die Blumen für uns zu streuen. Wir luden zu einer großen Feier nach Frankreich ein, und alle dachten, sie seien zu Sandras dreißigstem Geburtstag eingeladen. Niemand ahnte, dass es sich eigentlich um eine Hochzeitsgesellschaft handelte. Wir waren in dem vermutlich renommiertesten Hotel an der Côte d'Azur untergebracht und am Tag vor Sandras Geburtstag machten wir alle gemeinsam einen Ausflug in die Berge. Dort war schon alles mit dem Bürgermeister verabredet, der uns auch traute. Zunächst hielt ich mit einer kleinen Rede noch offiziell bei Sandras Vater um ihre Hand an und fragte unsere auserwählten Trauzeugen, ob sie dieses Amt auch übernehmen wollten. Alles hatten wir im Geheimen geplant und damit alle überrascht. Das war auch die einzige Möglichkeit, wie wir uns die Presse vom Leib halten konnten. Sonst hätten wir diese Feier im Freundes- und Familienkreis nicht hinbekommen, da bin ich mir sicher. Wir wurden dann in einer kleinen Open-Air-Zeremonie bei frischer Brise und bester Laune auf Französisch getraut – und ja, auch ich beantwortete die entscheidende Frage mit einem deutlichen „Oui!".

Auch dieser Ehe war dann leider keine lange Dauer beschieden. Wir heirateten im April 1998 und trennten uns

Ende 1999. Weil wir als Paar noch zu einer großen Silvesterparty eingeladen hatten, behielten wir die Trennung über den Jahreswechsel noch für uns. Die Party mit, ich glaube, rund 800 Leuten wollten wir noch feiern, was wir auch taten. Generell habe ich mit meinen Ehen nicht sonderlich viel Glück gehabt. Irgendwie verändert sich mit diesem unterschriebenen Dokument etwas, von dem ich nicht so richtig sagen kann, was es ist. Keine Ahnung, ob man sich zu sehr in Sicherheit wiegt, ob man sich nicht mehr so viel Mühe gibt wie zuvor. Ich weiß es nicht. Auf jeden Fall passierte das bei jeder meiner drei Ehen. Die Scheidungen selbst waren für mich gar nicht so schlimm. Mir war wichtig, dass die Kinder nicht darunter leiden mussten, dass wir unsere gemeinsame Aufgabe als Eltern noch vernünftig miteinander wahrnehmen konnten. Allzu große Sorgen machte ich mir diesbezüglich aber nicht. Ich bin ja selbst Scheidungskind und weiß, dass Patchwork funktionieren kann. Außerdem war es mit Sandra auch kein Problem, vernünftig miteinander umzugehen. Aber es dauerte noch ein bisschen, bis ich mich aus unseren eingeschliffenen Beziehungsmustern befreien konnte. Vermutlich kennt das jeder, der aus einer längeren Beziehung kommt. Es schleichen sich bestimmte Muster ein, die man während der Beziehung gar nicht weiter beachtet. Aber wenn man dann kein Paar mehr ist, bemerkt man sie und muss sie auch erst einmal abstellen, bevor man wieder eine neutralere Beziehung miteinander pflegen kann. Darüber empfand ich aber kein Bedauern. Damals nicht und heute auch nicht.

Während des Lösungsprozesses zwischen mir und Sandra trat auch schon Stefanie in mein Leben. Bei jeder meiner Frauen weiß ich, wieso ich mich in sie verliebte, was ich an ihr toll fand und was ich an ihr hatte. Mit jeder Frau und ihren speziellen Wünschen veränderte sich auch mein Leben. Ich lebte mit jeder Partnerin ganz unterschiedliche Lebensformen – von einer Wohngemeinschaft übers Leben auf dem Land bis hin zum Stadtleben. Und da war nichts dabei, wo ich heute sagen würde, dass ich darauf hätte verzichten wollen. Nein! Das war alles wunderbar. Vom Ende des Lebens gedacht, ist alles, was wir haben, Erinnerung. Natürlich können wir Kinder und andere Spuren auf der Welt hinterlassen, aber für einen selbst ist alles, was am Ende noch da ist, die Erinnerung. Und für mich sind das schöne Erinnerungen. Man kennt sich einfach gut, das hört ja nicht auf. Und gerade, wenn man gemeinsame Kinder hat, ist man ja nie vollständig getrennt. Das gilt für beide Ex-Frauen, so unterschiedlich sie auch sind. Ich habe mich weder in Sandra noch in Stefanie getäuscht. Sie haben mir beide genau das geboten, was ich am Anfang direkt toll an ihnen fand. Nur dass ich im Laufe des Lebens vielleicht noch mal etwas anderes brauchte.

Die Geschichte mit der Radiolizenz in Sachsen, für die ich keinen Zuschlag erhielt, ging rund zehn Jahre später in gewissem Sinne noch einmal in die Verlängerung. Die sächsische Landesmedienanstalt bat mich um ein Gespräch. Wladimir Putin war inzwischen Russlands Präsident geworden und wollte auch in Moskau Privatradio etablieren. In Leipzig wurde mir nun ans Herz gelegt, mich in Moskau für eine Radiofrequenz zu bewerben. Ich hörte mir das Angebot aufmerksam an, entschied mich aber letztendlich gegen eine Bewerbung. Weder war ich der russischen Sprache mächtig noch kannte ich die Mentalität der Moskauer Bevölkerung. Radio ist ein emotionales Medium. Wenn man nicht das richtige Gespür für die Hörer hat, kann man eigentlich nur Fehler machen. Ein Programmdirektor könnte mir alles erzählen, was dann aber über einen Dolmetscher auch noch gefiltert wäre. Dass auf dieser Grundlage die richtigen Entscheidungen getroffen werden können, bezweifle ich. Aus diesem Grund schlug ich das Angebot aus. Zufällig fiel mein Besuch in Leipzig mit dem zehnjährigen Bestehen der Landesmedienanstalt zusammen, was Anlass für eine größere Feier war. Eigentlich hatte ich vor, nach meinem Termin wieder nach Hamburg zurückzufahren, aber nachdem ich herzlich eingeladen wurde, änderte ich einfach meine Pläne und blieb für die Veranstaltung in Leipzig. Gefeiert wurde in dem damals noch nicht umgebauten Leipziger Bahnhof – heute ist dort eine Shoppingmeile, die mein Bruder Alexander finanziert und gebaut hat. Auf dieser Party kam abends freudig eine Frau auf mich zu: „Herr Otto, Herr Otto! Erinnern Sie sich an mich?“ Es war mir ein wenig unangenehm, aber ich hatte im ersten Moment keine Ahnung, wer diese Dame sein mochte. Also bat ich sie, mir auf die Sprünge zu helfen. Wie sich herausstellte, saß diese Frau damals in dem Gremium, das über die Radiolizenzen entschieden hat. Zur Hälfte hatte es aus Frauen bestanden, die während der Präsentationen strickten. So was kannte ich schon von den Grünen. Diese Frau bekannte, eine davon gewesen zu sein. Sie fragte mich: „Wissen Sie eigentlich, weshalb Sie die Lizenz damals nicht bekommen haben?" Das interessierte mich nun wirklich sehr. Noch immer war ich davon überzeugt, allein von der Papierform mit meinen Partnern den überzeugendsten Antrag abgegeben zu haben. Und dann lüftete sie das Geheimnis: „Wissen Sie, Herr Otto, für uns hier im Osten waren Leute mit langen Haaren Abschaum. Wir konnten Ihnen daher keine Frequenz geben. Das ging einfach nicht." Die Offenheit, mit der sie das aussprach, überraschte mich. Und als ich darüber nachdachte, konnte ich mich auch dunkel an diese Ressentiments erinnern. Lange Haare trugen die Oppositionellen, die Taugenichtse oder Subversiven. Das war ein rebellisches Statement. Im Westen scherte sich zu dieser Zeit schon lange niemand mehr darum, ob ein Mann seine Haare lang trug. Es war lediglich eine von vielen Möglichkeiten, wie ein Mann seine Haare tragen konnte. Ich wäre aber nie auf die Idee gekommen, mein Äußeres anzupassen, um meine Chancen auf eine Radiofrequenz zu erhöhen. Keinen einzigen Gedanken hätte ich daran verschwendet. Nun aufgeklärt zu werden, warum es damals nicht geklappt hatte, fand ich natürlich sehr spannend. Wäre ich nicht auf diese Party gegangen, ich hätte die schlichte Wahrheit vermutlich nie erfahren.

Und dann ereignete sich noch etwas sehr Bemerkenswertes. Energy Sachsen geriet wirtschaftlich unter Druck. Meiner

Meinung nach war das von der NRJ Group so gewollt, um als Mehrheitsgesellschafter Anteile von den Minderheitsgesellschaftern übernehmen zu können. Blieb der wirtschaftliche Erfolg aus, kam es oft dazu, dass die Minderheitsgesellschafter ihren sogenannten Nachschusspflichten nicht mehr nachkommen konnten und ihre Anteile an den Hauptgesellschafter veräußerten. Auch bei Energy Sachsen gerieten die Minderheitsgesellschafter in finanzielle Nöte. Aber statt einfach an die NRJ Group zu verkaufen, erinnerten sie sich daran, dass ich mich seinerzeit auch um diese Frequenz beworben hatte. Den Kulturschock der langen Haare hatten alle Beteiligten offensichtlich inzwischen verarbeitet, und so nahmen sie mit mir Kontakt auf. Im Endeffekt übertrugen mir die Minderheitsgesellschafter geschlossen – allesamt als Einheit – ihre Anteile. So kam ich an meine Beteiligung von Energy Sachsen. Und nicht nur das, ich war plötzlich der Mehrheitsgesellschafter des Senders – worüber Monsieur Baudecroux natürlich wenig amüsiert war. Er war außer sich, dass ausgerechnet ich ihm seinen Sender nahm, und verlangte, dass ich Geld für die Marke Energy zahlen solle. Dagegen wehrte ich mich natürlich. Schließlich war ich in den bereits bestehenden Sender eingestiegen. Dafür zahle ich doch nichts extra. Weil ich mich entschied, den Sender auf meine Weise zu führen und weder das Musikprogramm übernahm noch die Vermarktung, sondern lediglich den Namen, wurde Energy Sachsen der erfolgreichste Sender der Energy-Radiofamilie in Deutschland. Persönlich traf ich Monsieur Baudecroux zwar nicht mehr, aber ich vermute, er tobte vor Wut. Obwohl er das Fähnchen wegen des Namens natürlich weiterhin in seiner Senderlandkarte stecken hat.

Auch wenn ich dem Radio bis heute treu blieb, so verebbte Mitte der 1990er-Jahre langsam diese Goldgräberstimmung, die es bei unseren Anfängen mit OK Radio noch gab. Als öffentlich-rechtliche Antwort auf mein Jugendradio ging 1994 N-Joy Radio auf Sendung. Der Norddeutsche Rundfunk verwies auf seinen Grundversorgungsauftrag: Weil er die junge Zielgruppe mit seinen bestehenden Sendern nicht mehr erreichte, brauchte er neue Frequenzen, um ein neues Programm für junge Leute auflegen zu können. Selbstverständlich versuchte ich, mich juristisch gegen die gebührenfinanzierte Konkurrenz zu wehren, und strengte einen sehr interessanten Gerichtsprozess an. Zunächst ging es um ein Verfügungsverfahren, ob der neue Sender überhaupt an den Start gehen dürfe. In erster Instanz bekam ich sogar recht, aber in der zweiten Instanz wurde das Urteil wieder einkassiert, und N-Joy durfte auf Sendung gehen. Danach kam es zu einem ordentlichen Gerichtsverfahren, in dem ich anfangs wiederum erfolgreich war. Wie es dann aber oftmals so ist, ging das Verfahren in die Berufungsinstanz und eskalierte immer weiter. Mit Professor Hoffmann-Riem, dem damaligen Anwalt des NDR und Direktor des Hans-Bredow-Instituts für Medienforschung, lieferte ich mir eine denkwürdige juristische Auseinandersetzung, die ihresgleichen sucht. Hoffmann-Riem ist ein hochintelligenter Mann, der schon damals nicht nur ein exzellenter Jurist war, sondern auch von den Medien sehr viel verstand. Im Verlauf des Prozesses setzte er einen Schriftsatz auf. Die ersten fünf Seiten fabulierte er über deutsche Rundfunkgeschichte, wobei hierin in meinen Augen und denen meiner Rechtsbeistände nichts Wesentliches stand, was rechtlich von Belang gewesen wäre. Nur ein einziger Satz schien uns relevant zu sein. Sinngemäß stand dort: „Hätten wir das gewusst, dann hätten wir es so auch nicht gemacht.“ Da haben wir natürlich aufgeschrien: „Hier! Die geben es zu! Sie haben gegen das Gesetz verstoßen.“ Leider folgte uns das Gericht in diesem Punkt nicht so ganz und wertete das nicht als Eingeständnis eines Gesetzesverstoßes. Es ging von Instanz zu Instanz, und irgendwann mussten wir uns an das Bundesverwaltungsgericht wenden, nach dem als Letztinstanz nur noch das Bundesverfassungsgericht kommen konnte. Professor Hoffmann-Riem war in der Zwischenzeit Verfassungsrichter geworden – vielleicht hatte er das am Anfang unserer gerichtlichen Auseinandersetzung schon geahnt oder zumindest angestrebt. Und dann zeigte sich, was für ein ausgezeichneter Jurist dieser Mann war. Im Verfassungsgericht war er zuständig für Rundfunkfragen, weil das natürlich sein Spezialgebiet war. Wäre unser Prozess bis vors Verfassungsgericht gekommen, wäre er als Richter wegen Befangenheit abgelehnt worden. Er hätte niemals in einem Verfahren, in dem er selbst einmal eine Partei vertreten hat, als Richter entscheiden dürfen. Aber dazu kam es erst gar nicht, weil die vorgerichtliche Instanz unsere Klage eindeutig abschmetterte: Weil in diesem Schriftsatz genau dieser Satz stand, sei damit impliziert, dass es nie wieder passieren könne. „Hätten wir es gewusst, dann hätten wir nie so gehandelt.“ Damit war unsere Klage nicht präzedenzfallfähig, weil keine Wiederholungsgefahr bestand, und das Verfassungsgericht musste sich nicht mehr mit unserer Beschwerde befassen. Ich schätze, die Juristen bekamen seinerzeit einfach einen netten Tipp von ihrem Kollegen in der Gerichtskantine. Ein genialer Winkelzug. Diese 1994 begonnenen Gerichtsverfahren dauerten insgesamt über zehn Jahre. Und dann dieses ernüchternde Ende. Ich habe dadurch viel über die Geschichte des Rundfunks gelernt und mich zwischendurch auch mit dem Radio in der Weimarer Republik und anderen Aspekten beschäftigt. Intellektuell war das eine Herausforderung, die geradezu Spaß machte. Der Ausgang des Verfahrens stimmte mich hingegen weniger froh.

Der Beginn der gerichtlichen Auseinandersetzungen und der Sendestart von N-Joy markierten den Punkt, an dem ich mich dem Fernsehen zuwandte. 1993 war ich Mitbegründer des deutschen Musiksenders VIVA und 1995 ging mit Hamburg 1 einer der ersten privaten regionalen Fernsehsender in Deutschland an den Start, den ich ebenfalls mit aus der Taufe hob.

VIVA FINANZIERT DAS DACH ÜBERM KOPF

„Radio geht ins Ohr, Fernsehen ins Auge", frotzelte der Journalist Robert Lembke. In diesem Kapitel geht es um Gesellschafterversammlungen im New Yorker Rockefeller Center, um die Entdeckung eines Kölner Multitalents und um eine Put-Option, die nichts, aber auch rein gar nichts mit dem Golfsport zu tun hat.

Mein erster unternehmerischer Coup war OK Radio. Der zweite, der nationale Aufmerksamkeit erlangte, war die Gründung des deutschen Musiksenders VIVA. Niemand hielt Anfang der 1990er-Jahre für möglich, dass man in Deutschland erfolgreich gegen MTV Europe einen eigenen Musiksender im Fernsehen positionieren könnte. 1987 gestartet, war MTV – das Akronym aus Music Television – die europäische Version des US-amerikanischen Senders, der ausschließlich Musikvideos zeigte. Bis zu diesem Zeitpunkt hatte es in Deutschland noch Musicbox gegeben, einen deutschen Musiksender, in dem ich sogar mal mit meiner damaligen Band auftrat. Doch leider überlebte der Sender wirtschaftlich nicht und wurde in Tele 5 umgewandelt. Danach gab es einige Jahre lang keinen deutschen Musiksender mehr im Fernsehen und MTV war das Maß aller Dinge. Selbst ich saß wie gebannt und sah mir einen Videoclip nach dem anderen an. Ich nahm das sowohl als Musiker als auch als professioneller Medienmacher wahr. Mir war schnell klar: Viele Dinge aus dem MTV-Programm konnte man besser machen. Das betraf in erster Linie die Auswahl der Musik. Das gesamte Programm war – für jeden erkennbar – sehr britisch geprägt und spiegelte keineswegs den Musikgeschmack der Deutschen wider. Es wurden auch kaum deutsche Künstler gespielt, und wenn, dann maximal Herbert Grönemeyer und Peter Maffay. Weniger erfolgreiche Künstler hatten überhaupt keine Chance, in die Rotation aufgenommen zu werden. Die deutsche Musikszene war für MTV viel zu unbedeutend. Natürlich bemerkten die beiden großen Plattenfirmen Sony und

Warner Music, dass ihnen das MTV-Programm kaum half, in Deutschland Tonträger zu verkaufen. Aus diesem Grund wurden sie auch direkt hellhörig, als rund um die PopCom in Köln ein paar helle Köpfe auf die Idee kamen, einen deutschen Musikkanal ins Leben zu rufen. Zu diesen Leuten gehörten beispielsweise der Musiker und Medienmanager Dieter Gorny und Michael Oplesch, ehemaliger Mitarbeiter von Teldec. Diese Gruppe kontaktierte in der Folge jedes große Medienunternehmen der damaligen Zeit – ob das Leo Kirch war oder Gunther Oschmann – auf der Suche nach Partnern, die helfen konnten, ihre Idee umzusetzen. Doch jeder, den sie fragten, meinte nur: „Musikfernsehen? Das ist doch bloß Sex und Gewalt! Da können wir nicht mitmachen." Die alteingesessenen Medienunternehmer lehnten alle ab, weil sie sich mit den Inhalten des geplanten TV-Kanals nicht identifizieren konnten. Ihrer Meinung nach drehte sich in den Videoclips alles nur um Sex, Drugs and Rock 'n' Roll. Das war natürlich nicht vereinbar mit ihrer konservativen, teils sogar streng katholischen Haltung. Für Dieter Gorny und Co. war es also alles andere als einfach, einen deutschen Partner zu finden. Zufällig war mein Schwager mit der Aufgabe betraut, dieses Problem zu lösen. Und weil ich mir als Radiomann einen Namen gemacht hatte, schlug er vor, mich anzusprechen. So kam es, dass mir diese Gruppe ihre Pläne zur Etablierung eines neuen deutschen Musiksenders vorstellte. Mich überzeugten die Gespräche mehr und mehr von der Idee. Es waren dann vor allem die Warner-Leute, die mit mir konkretere Verhandlungen aufnahmen. Für mich stand schnell fest, dass ich mir unbedingt ein gewisses Vetorecht ausbedingen musste, wenn ich mich mit so großen Firmen an einer Gesellschaft beteiligen würde. Diese Unternehmen verfügten über erstklassige Rechtsabteilungen und versierte Justiziare. Wenn wir mal nicht einer Meinung sein würden und es hart auf hart käme, hätte ich denen nichts entgegenzusetzen. Als Privatunternehmer fehlte mir mit einem solchen Apparat letztlich auch die Möglichkeit, gerichtlich gegen sie bestehen zu können. Bei Warner konnte man meine Bedenken nachvollziehen, weshalb wir uns gemeinsam auf eine Reihe von Vetorechten verständigten, die mir eingeräumt werden sollten. Kurz vor der Lizenzvergabe gab es ein Treffen mit den Musikkonzernen EMI Group und Polygram, die noch auf den Zug aufspringen wollten und plötzlich auch interessiert waren. Der einzige – damals noch – deutsche Konzern Bertelsmann mit der Bertelsmann Music Group war seltsamerweise nicht interessiert, im Gegensatz zu allen anderen Majorlabels. Als so weit alles geregelt war, wurde eine Gesellschafterversammlung in New York einberufen, im berühmten Rockefeller Center. Ich sagte ab und machte meinen Standpunkt unmissverständlich klar: „Wenn ihr in Deutschland Fernsehen machen wollt, dann gewöhnt euch bitte auch daran, die Versammlungen in Deutschland abzuhalten." Ich bin also nicht nach New York geflogen. Und Michael Oplesch, der eigentlich hatte teilnehmen wollen, wurde nicht in den Flieger gelassen, weil es irgendein Problem mit seinem Pass gab. Das hieß, dass aus Deutschland plötzlich niemand mehr mit am Verhandlungstisch saß, die

Amis waren im Rockefeller Center unter sich. Allerdings war ich gemeinsam mit meinem damaligen Anwalt der Versammlung per Telefon zugeschaltet. Wir zwei saßen – aufgrund der Zeitverschiebung – mitten in der Nacht in seiner Kanzlei und hörten uns die einzelnen Positionen an. Insbesondere der EMI war es damals völlig unverständlich, wie es denn Warner einfallen könne, so einen unbedeutenden Radiomacher als den großen Investor aus Deutschland zu präsentieren. Denn in Amerika war das Betreiben einer Radiostation ähnlich hoch angesehen wie das Führen eines Gemüseladens. Dort war das überhaupt nichts Besonderes. Und schwups waren meine Vetorechte gestrichen. Daraufhin wünschte ich allen Beteiligten noch viel Spaß und verabschiedete mich höflich. Die Gesellschaft war ja noch nicht gegründet, sodass ich selbstverständlich noch einen Rückzieher machen konnte.

Ein paar Wochen später kam Michael Oplesch als Parlamentär mit der weißen Fahne zu mir. „Schau mal, die Vetorechte waren einfach nicht durchsetzbar. Das musst du bitte verstehen. Wir machen dir stattdessen ein anderes Angebot." Und das bestand unter anderem aus einer sogenannten Put-Option. Was bedeutete, dass ich nach vier Jahren frei entscheiden konnte, ob ich das gemeinsam gegründete Unternehmen wieder verlassen wollte. In diesem Fall bekäme ich mein investiertes Geld zurück. Das schienen mir faire Bedingungen zu sein. Entweder wurde das Ganze ein Erfolg und mein Anteil wäre etwas wert – oder ich würde von der Geld-zurück-Garantie Gebrauch machen. Dann hätte ich zwar Arbeit investiert, aber zumindest kein Geld verloren. Ich fand, das war eine akzeptable Lösung. Es war unter allen Beteiligten unstrittig, dass unbedingt ein deutscher Partner gebraucht wurde. Und das war schließlich der Deal: Die vier großen Musiklabels – Warner, Sony, EMI und Polygram – und ich hielten jeder 19,8 Prozent der neu gegründeten Viva Medien GmbH; das verbleibende eine Prozent teilten die Initiatoren, die auf der PopCom damals diese Idee ausgebrütet hatten, unter sich auf. Der Sender VIVA wurde in Nordrhein-Westfalen gegründet, erstens weil NRW vom Einzugsgebiet eine Bevölkerungsgröße wie beispielsweise der Großraum Los Angeles County hat und zweitens weil das Radio in NRW so grottenschlecht war – jedenfalls für junge Menschen –, dass wir wussten: Wir brauchten da mit unserem Musikfernsehen nur auf Sendung zu gehen und die Leute würden den Fernseher anschalten – gar nicht unbedingt um zu gucken, sondern um überhaupt anständige Musik zu hören. Die Radiolandschaft in NRW war damals besonders trostlos. Nichts, was mal cool und hip war, wurde mehr gesendet. Die jungen Leute dort mussten einiges entbehren. Bei Nordrhein-Westfalen blieb es aber nicht. Dieter Gorny klapperte Landesmedienanstalt für Landesmedienanstalt ab, um für VIVA zu werben. Und Gorny war ein fantastischer Promoter. Er schaffte es, dass wir von einem Bundesland nach dem nächsten eingespeist wurden, und am Ende hat es gar nicht lange gedauert, dass wir bundesweit zu empfangen waren.

Bis zum Sendestart 1993 wurde unser Vorhaben von außen eher belächelt. Zeitungen schrieben, dass der Versuch, einen deutschen Musiksender zu etablieren, zum Scheitern verurteilt sei, weil niemand gegen MTV ankommen könne. MTV galt als das Nonplusultra. Das sah ich nicht nur anders, meinen Ehrgeiz stachelte diese Art Gegenwind sogar noch zusätzlich an. Natürlich gab es Momente, in denen es extrem zäh und mühsam war. Diese Gesellschafterversammlung beispielsweise. Doch ich ließ mich nicht beirren. Zu klären war noch, wie genau unser Programm aussehen sollte, mit dem wir an den Start gehen wollten. MTV war damals mit dem Anspruch gestartet, ein „richtiger" Fernsehsender zu sein – mit Shows wie *Jackass* und *Pimp My Ride*. Da waren wirklich lustige Sachen dabei – gar keine Frage. Und auch in unserem Team gab es Leute, die meinten, wir sollten uns breit aufstellen. Einige waren zum Beispiel der Überzeugung, wie bräuchten Fußballrechte, weil die junge Zielgruppe Fußball sehen wolle. Aber meine Idee war ja, VIVA wie einen Radiosender zu positionieren. Ich wollte Videoclips zeigen – rund um die Uhr. Radiofrequenzen waren keine mehr aufzutreiben. Das Radiofrequenzband hatte extra erweitert werden müssen, um überhaupt Platz für das Privatradio zu schaffen, weil die öffentlich-rechtlichen Sender das bisherige Frequenzspektrum schon abgedeckt hatten. Die zusätzlichen Frequenzen waren ursprünglich dem Flugverkehr vorbehalten und wurden für das Betreiben von Radios neu deklariert. Nun aber waren auch diese Frequenzen vergeben. Ein echtes Jugendradio gab es dennoch in keinem Bundesland – mit Ausnahme von Hamburg, wo ich es mit OK Radio eingeführt hatte. Für mich war daher sonnenklar, dass ein cooler Musiksender beste Chancen haben würde, die junge Zielgruppe zu erreichen. Also setzte ich alles daran, einen reinen Musiksender zu schaffen. Keine teuren Fußballrechte, kein Schnickschnack. Ich achtete darauf, dass wir kein Geld für Dinge ausgaben, die MTV gut machte. Und da gab es einiges: diese animierten Hintergründe, die bewegten Logos. Da steckte unglaublich viel Kreativität drin. Wir hingegen begnügten uns mit einer ganz schlichten Grafik und setzten trotzig mit unserem simplen Logo – mit diesen vier Dreiecken – einen Kontrapunkt. Meine Partner hätten liebend gern Kristiane Backer abgeworben, die erfolgreiche MTV-Moderatorin. Aber ich konnte sie überzeugen, dass wir als neuer Sender auch komplett neue Gesichter bräuchten. Ich mochte Kristiane Backer und hatte keinen Zweifel, dass sie bestens geeignet gewesen wäre, aber ich hätte es für einen schweren strategischen Fehler gehalten, sie abzuwerben. Hätten wir von anderen Sendern – und dann sogar noch von einem Musiksender – die Leute zu uns geholt, wären wir nur verwechselbar geworden. Mir war wichtig, dass beim Einschalten unseres Senders sofort klar sein würde: Hier ist alles neu – der Sender, die Gesichter, der Inhalt. Und wir sind nicht MTV! Generell sollte sich ein anderes Gefühl bei uns einstellen. Während bei der Konkurrenz die Moderatoren zwar vor modernen Hintergründen, aber trotzdem wie klassische Ansager des öffentlich-rechtlichen

Fernsehens inszeniert wurden, entwickelten wir ein eigenes Konzept und präsentierten unsere Moderatoren im Raum. Sie agierten im Studio, liefen herum, saßen an einem Tisch – die Zuschauer konnten also die Situation und das Studio ganz anders erfassen. Damit schufen wir eine neue Optik, die uns von allen anderen unterschied und unverwechselbar machte. Selbstverständlich führten wir etliche Castings durch, um ein gutes Moderationsteam zusammenzustellen. Und eines Tages bekam ich einen aufgeregten Anruf von unserem Musikdirektor: „Wir haben ihn! Wir haben ihn! Wir haben ihn!" Ich verstand erst einmal nur Bahnhof: „Was ist los?" „Gerade war hier einer im Studio zum Casting. Das ist unser Mann!" Natürlich wollte ich wissen, was diesen Mann von all den anderen unterschied und warum mein Musikchef so aus dem Häuschen war. Er war felsenfest überzeugt, dass aus dem eine Riesennummer werden würde – Kölner Kleinkünstler mit Bühnenerfahrung, genau das leicht verrückte Multitalent, das wir in unserem Programm bräuchten: Stefan Raab. Er war bei uns von Anfang an dabei, neben vielen anderen, die ebenfalls viel Aufmerksamkeit auf sich zogen. Ob Heike Makatsch, Mola Adebisi oder Matthias Opdenhövel, alle debütierten bei VIVA.

Was die musikalischen Inhalte unseres Programms betraf, verließ ich mich wiederum auf die Erfahrungen, die wir mit OK Radio gesammelt hatten. Ich schickte drei meiner Mitarbeiter von Hamburg nach Köln, damit sie sich vor Ort um den Musikcomputer und die Rotation der einzelnen Musiktitel kümmern konnten. Zuvor hatten wir das Programm von MTV analysiert und eine Reihe programmatischer Schwächen ausgemacht. Es kam vor, dass derselbe Song in drei aufeinanderfolgenden Sendungen gespielt wurde, dreimal in drei Stunden. Dass solche Fehler gemacht wurden, lag daran, dass MTV sein Programm nicht ausschließlich computerunterstützt fuhr, sondern die Moderatoren dort gewisse Gestaltungsmöglichkeiten hatten. Das alles sollte bei uns stringenter werden. Aus diesem Grund hatte ich unter anderem Ollie Weiberg aus Hamburg abberufen, den jüngsten Musikdirektor Deutschlands, der nun für VIVA den Musikcomputer bediente. Der war extrem taff und wusste genau, worauf es ankam. Er schuf ein abwechslungsreiches Programm, das perfekt abgestimmt war und schon beim Einschalten die Erwartungen des jungen Publikums traf. Mit seiner Hilfe gelang es uns, MTV erfolgreich zu attackieren. Nach rund einem Jahr war die Hälfte der ursprünglichen MTV-Zuschauer abtrünnig geworden und verfolgte inzwischen begeistert unser Programm! Das Beste daran war, dass MTV diesen schleichenden Prozess lange gar nicht bemerkte und keinerlei Gegenmaßnahmen ergriff. Nach einem Jahr war dann allerdings die Schonzeit vorbei. Die Verantwortlichen bemerkten, dass sie versäumt hatten, den deutschen Markt zu bedienen, und dass sie handeln mussten. Sie setzten auf die Regionalisierung ihres Programms und stellten sich mit VH-1 stärker auf den deutschen Markt ein. Wir hielten mit VIVA II dagegen und hatten den entscheidenden Vorteil, dass wir Synergien mit dem ersten Programm nutzen konnten. VH-1 dagegen konnte vom in London produzierten MTV überhaupt nicht profitieren und war dadurch sehr teuer, weil es ein Solitär war. VIVA II kostete vielleicht ein Viertel von dem, was VH-1 kostete, weil alles aus dem gleichen Unternehmen heraus produziert wurde. Natürlich wurden andere Musikclips gezeigt und es moderierten andere Gesichter, aber von der Systematik waren beide Sender gleich.

Ähnlich wie bei den Radiofrequenzen ging es darum, welcher der beiden Musiksender in welchem Bundesland lizenziert wurde. Es war ein Entweder-oder, kein Sowohl-als-auch. In den Stadtstaaten hatte VH-1 die Nase vorn, während VIVA II eher in den ländlich strukturierten Bundesländern eingespeist wurde. Ein bundesweiter Flickenteppich, der niemanden wirklich glücklich machte und der allein aus der Tatsache resultierte, dass man der Konkurrenz Stücke aus der Torte schneiden wollte. Eine aufreibende Situation. Der sich verschärfende Konkurrenzkampf gipfelte darin, dass Michael Oplesch von MTV abgeworben wurde, um dort die Geschäftsführung zu übernehmen und sich um die Produktion von VH-1 zu kümmern. Aus alter Verbundenheit traf ich mich mit ihm und machte ihm folgendes Angebot: „Was hältst du davon, wenn wir beide erneut Partner werden und unsere beiden zweiten Programme zusammenschmeißen? Momentan produzieren wir unsere Fernsehprogramme doch nur, um uns gegenseitig zu schaden. Dabei würden wir direkt an dem

Tag, an dem wir gemeinsame Sache machen, schwarze Zahlen schreiben – auf Knopfdruck!“ Auf der einen Seite hätten wir gemeinsam die Kosten minimieren und auf der anderen die Werbewirtschaft mit einer bundesweiten Präsentationsfläche locken können. Michael war meinem Vorschlag gegenüber nicht abgeneigt. Er stand auch noch mehr unter Druck als wir. Mit dieser Idee wurde ich dann bei unserer nächsten Gesellschafterversammlung vorstellig. Sie fand inzwischen in Deutschland statt, immer in großen Tagungsräumen, in denen auch Dolmetscherkabinen aufgebaut waren. Denn von den großen Plattenfirmen kamen nicht etwa die deutschen Vertreter zu diesen Versammlungen, sondern selbstverständlich die amerikanischen Bosse. Während dort auf Deutsch geredet und protokolliert wurde, übersetzten in den kleinen schalldichten Kabinen mehrere Dolmetscher ununterbrochen, was gesagt wurde. Dort stellte ich dann diese Idee einer Fusion zwischen VIVA II und VH-1 vor, die wirtschaftlich durchaus vernünftig war. Nachdem ich meine Rede beendet hatte, musste ich den Raum verlassen, damit die Verantwortlichen der Musikfirmen diskutieren und sich abstimmen konnten. Als sie mich wieder hereinbaten und mir das Ergebnis ihrer Beratung mitteilten, konnte ich es nicht fassen: „Wir machen das nicht!“ Ich meinte, mich verhört zu haben. Wie bitte? Was sollte das heißen, wir machen das nicht? Natürlich bat ich um eine Erklärung, was besprochen wurde und warum die Entscheidung so getroffen wurde. Es war eindeutig zu spüren, dass alle etwas verlegen wegsahen und herumdrucksten. Am Ende stellte sich nämlich heraus, dass die Musikkonzerne rein aus Eigeninteressen diesen durchaus sinnvollen Vorstoß ablehnten. Wie schon erwähnt war unser Musikchef bei VIVA sehr durchsetzungsstark und streng in der Auswahl dessen, was im Programm gespielt wurde und was nicht. Die Musiklabel produzierten unzählige Videoclips für ihre Künstler, die bei VIVA überhaupt nicht gezeigt wurden. Das stieß den Konzernbossen verständlicherweise übel auf, weshalb sie über jedes Musikclip-orientierte Angebot im Fernsehen froh waren, in dem sie ihre Künstler unterbringen konnten. Ihre Logik war bestechend simpel: Wenn wir aus zwei Musiksendern einen machen, dann haben wir wieder eine Möglichkeit weniger, unsere Clips unterzubringen. Das war der Grund, warum sie dieser wirtschaftlich eigentlich vernünftigen Idee nicht folgen konnten oder wollten. Für mich als Medienunternehmer war diese Entscheidung überhaupt nicht nachvollziehbar, und meine Enttäuschung war so groß, dass ich tatsächlich mit dem Bauer-Verlag begann, so eine Art Verkaufsgespräch zu führen. Bauer produzierte zu der Zeit für RTL II den Fernsehableger *BRAVO TV* mit Kristiane Backer als Moderatorin. Interesse am Musikfernsehen konnte man der Verlagsgruppe also durchaus unterstellen. Und da ich mit der Redaktion der Zeitschrift *BRAVO* schon zuvor Kontakte geknüpft hatte, weil mich die Idee beschäftigte, bestimmte Inhalte der *BRAVO* ins Radio zu transformieren, war der Schritt zur Verlagsführung nicht weit. Ich fragte unverhohlen, ob bei ihnen

Interesse am Jugendfernsehen bestehe. VIVA war damals enorm angesagt – neu, jung, frech. Für Jugendliche war es das Angebot schlechthin. Es war also bei Weitem nicht so, als müsste ich einen Ladenhüter feilbieten. Wenig verwunderlich war der Bauer-Verlag interessiert und machte mir ein gutes Angebot. Damit ging ich zu meinen damaligen Partnern und eröffnete ihnen, dass ich mich mit dem Gedanken trüge zu verkaufen. Sie waren wenig angetan von der Aussicht, sich einen neuen Partner an den Tisch zu holen, und machten daher lieber von ihren Vorkaufsrechten Gebrauch. Inzwischen war der Sender etabliert genug, und es waren auch deutsche Geschäftsführer an Bord, sodass sie keinen weiteren deutschen Partner brauchten. So ließ ich mir meine Anteile an VIVA vergolden.

Einerseits hätte ich schon gern weitergemacht, weil noch längst nicht alle gestalterischen Möglichkeiten ausgeschöpft waren. Andererseits war nur allzu deutlich geworden, dass hier die Einzelinteressen der Gesellschafter über die des Gesamtunternehmens gestellt wurden. Ich hingegen beurteilte bestimmte Maßnahmen immer nur danach, ob sie aus medienunternehmerischer Sicht erfolgversprechend waren. Das passte hier einfach nicht zusammen. Und ich befürchtete, dass ich über kurz oder lang unter die Räder kommen würde. Außerdem hatte ich die berechtigte Sorge, dass der in kürzester Zeit entstandene Wert unseres Fernsehsenders so verspielt werden könnte, dass ich später von meiner Put-Option Gebrauch machen musste. Das aber wollte ich auf keinen Fall; ich wollte diesen geschaffenen

Wert auch monetarisiert haben. Das war für mich also eine grundsätzliche Überlegung. Generell bin ich jemand, der sich gut von Dingen trennen kann – auch wenn ich das erst lernen musste. Am Anfang meiner Unternehmerkarriere dachte ich zunächst, ich würde wie mein Vater etwas aufbauen, es groß machen und es immer weiterentwickeln. Dann aber stellte ich fest: Das waren andere Zeiten und ein anderes Business. In meinem Gewerbe lief das einfach anders. Aber deshalb ließ ich mir meinen Erfolg doch nicht nehmen! VIVA war sensationell gestartet, obwohl kaum jemand daran geglaubt hatte – und diesen Erfolg nahm ich mit. Noch nach meinem Ausscheiden erkannte ich immer wieder Ideen, die aus unserem Ursprungskonzept stammten, die aufgegriffen und im Programm umgesetzt worden waren. Das war ein gemeinsam erarbeitetes Konzept namens Planet VIVA, das schon vor dem Sendestart existierte und in dem viele Einzelmaßnahmen beschrieben waren, wie wir den Sender aufstellen und positionieren wollten – insbesondere im Wettbewerb mit MTV. Diese konzeptionellen Ideen hatten lange Zeit Bestand und überdauerten sogar die Phase meines persönlichen Engagements für VIVA. Darauf war ich sehr stolz.

Der Verkauf meiner VIVA-Anteile erlaubte mir, eine wunderschöne Villa an der Außenalster zu kaufen, in der ich bis heute wohne. Diese Villa hatte ich schon länger im Auge, weil ein Geschäftspartner von mir ein Appartement in der Herbert-Weichmann-Straße besaß, von dem aus man dieses Schmuckstück sehen konnte. Allerdings war das Haus immer bewohnt und stand gar nicht zur Debatte. Nun aber kamen plötzlich zwei Dinge zusammen: Durch den Verkauf meiner Anteile hatte ich ungebundenes Geld zur Verfügung, und in der Anzeige eines renommierten Hamburger Immobilienmaklers wurde diese neoklassizistische Villa als Verkaufsobjekt angeboten – Preis auf Anfrage. Jeder weiß, „Preis auf Anfrage" bedeutet: wahnsinnig teuer. Fast wollte ich mich von vornherein entmutigen lassen. Aber meine Stiefmutter, die zu der Zeit gerade in Hamburg war und Wind davon bekommen hatte, dass die Villa zum Verkauf stand, redete auf mich ein: „Frank, wenn du einmal in deinem Leben so leben möchtest, dann jetzt! Jetzt hast du kleine Kinder, jetzt kannst du diesen Platz gebrauchen. Wenn du älter bist, dann willst du das gar nicht mehr." Das war das ausschlaggebende Argument, warum ich tatsächlich zum Hörer griff, das Immobilienbüro kontaktierte und nach dem Preis fragte. Im Endeffekt liefen die Verhandlungen auf ein abzugebendes Gebot hinaus. Das höchste Gebot würde erwartungsgemäß den Zuschlag erhalten. Mir gefiel dieses Haus, das eine interessante Geschichte hatte. Seit seiner Entstehung wurde es ständig umgebaut und vergrößert, sodass der ursprünglich neoklassizistische Stil mehr und mehr verwässert wurde. Aus diesem Grund gab es auch eine Abrissgenehmigung für die Villa, denn aus Sicht des Denkmalschutzes war sie wohl zu verbaut, um als erhaltenswert zu gelten. Ein Abriss kam für mich persönlich aber nicht infrage. Ich wollte viel mehr durch einige bauliche Veränderungen wieder dem ursprünglichen Zustand nahekommen. Neben mir gab es noch zwei weitere Interessenten, die allerdings am Erhalt des alten Gebäudes kein Interesse hatten, sondern an seiner Stelle Apartmenthäuser errichten lassen wollten. Der SPD-geführte Hamburger Senat hatte sich damals der Idee verschrieben, möglichst vielen Menschen die Möglichkeit zu bieten, an der Alster leben zu können. Daher waren die politischen Rahmenbedingungen für solche Bauvorhaben derzeit extrem günstig. Diese beiden Interessenten hatten ihre Rechnung aber ohne die Tochter des Villeneigentümers gemacht. Sie bekniete ihren Vater, einen Perser, das Haus nur an jemanden zu verkaufen, der es erhalten würde. „Du kannst das Haus, in dem ich geboren und aufgewachsen bin, nicht jemandem verkaufen, der es abreißt!" Und obwohl ich das niedrigste der drei Gebote abgegeben hatte, bekam ich den Zuschlag. Insofern verhalfen mir diese junge Frau und VIVA zu meinem Glück!

Die 1990er-Jahre waren für mich ein extrem arbeitsintensives Jahrzehnt. Zeitweise war ich gleichzeitig Geschäftsführer in vierzehn unterschiedlichen Unternehmen – und in acht davon gab es nennenswerte Probleme zu lösen. In dieser Zeit entwickelte ich eine regelrechte Telefonphobie, weil jedes Telefonklingeln ein neues Problem ankündigte. Ständig war ich in irgendwelchen Krisensitzungen und spontan einberufenen Meetings. Unter anderem besaß ich das kleine Stadtmagazin *OK-PUR*, das von einem liebenswürdigen Herrn geleitet wurde, einem ehemaligen Theaterintendanten, der als Quereinsteiger nun Blattmacher war.

Unsere beiden Büros lagen im selben Haus. Wenn dieser nette Kerl zu mir kam und etwas von mir wollte, hatte ich nie Zeit für ihn. Das tat mir jedes Mal ungeheuer leid, aber das Magazin erschien nur einmal im Monat und war mein kleinstes Projekt. Da war immer alles andere wichtiger. Mein permanentes schlechtes Gewissen machte mir allzu klar, dass es so nicht weitergehen konnte. Ständig stand ich unter Druck. So reifte in mir die Erkenntnis: „Du musst einfach mal einen Schritt raus aus der ersten Reihe machen, weg von dieser Macherebene, um den Kopf freizubekommen!" Wenn irgendwo ein Problem auftrat, wollte ich mich auf dessen Lösung konzentrieren können und nicht wie ein Zirkusartist mit zig Dingen immer gleichzeitig jonglieren. Das war eine Phase, in der ich mich extrem überfordert fühlte und aus dieser Überforderung heraus die Entscheidung traf, überall, wo es ging, kürzerzutreten. Wenn ich gute Leute hatte, zog ich mich aus der Geschäftsführung zurück und überließ sie diesen Mitarbeitern. Ich delegierte Verantwortung und vertraute auf die Kompetenz derjenigen, die mich überzeugten. Das war auch etwas, das ich mir anlas. Insbesondere wenn man nicht vom Fach ist – und das war ich ja nicht –, muss man sich mit entsprechender Fachliteratur Kenntnisse aneignen. Dadurch lernte ich, dass man desto mehr Leitungsaufgaben abgeben muss, je größer oder umfangreicher die eigenen Unternehmungen werden. Anders funktioniert es nicht. Ich hatte beispielsweise einen Mitarbeiter, der im Gegensatz zu mir über eine kaufmännische Ausbildung verfügte und mir mit seinem Know-how immer ein guter Ratgeber war. Dieser Mitarbeiter hatte ein gewisses Faible für uns Medienmenschen. Wenn man eine Businessschool besucht und als Investmentbanker in einem großen Konzern gearbeitet hat und dann mit solchen hemdsärmeligen Radiotypen zu tun hat, kann davon offenbar auch eine nicht geringe Faszination ausgehen. Er musste sehr viel lernen, und es dauerte ein paar Jahre, bis er seinen Businessjargon ablegte und ganz bei uns ankam. Aber danach machte er seine Sache so gut, dass ich ihm als Geschäftsführer eigentlich den ganzen Medienbereich überantwortete. Er wurde ein absoluter Profi, der exzellente Ideen hatte – Ideen, auf die ich nicht gekommen wäre. Ich wurde durch ihn zu einer Art grauen Eminenz, zum Repräsentanten, einem Gründer und Initiator, der über allem steht. Böse Zungen würden vielleicht Grüßonkel sagen. Tja, warum nicht?

Seither kümmere ich mich eigentlich nur noch um die Problemkinder; mit allem, was reibungslos läuft und erfolgreich ist, beschäftige ich mich nicht mehr. Das Schöne daran, aus der zweiten Reihe zu agieren, ist, dass man weiterhin eigene Ideen einbringen kann. Ob die dann aufgegriffen und umgesetzt werden, ist eine andere Geschichte. Wenn sie gut sind, werden sie in der Regel auch angenommen. Aber manchmal gibt es auch gute Argumente dagegen und dann lass ich mich auch überzeugen. Ich kann einen gewissen Input geben, aber habe nicht diese immense Verantwortung. Das gefällt mir sehr gut. Dafür habe ich jetzt sehr viel mehr Zeit, mich in bestimmte Dinge richtig zu vertiefen, sodass ich die Arbeit an einzelnen Projekten und ihre Weiterentwicklung viel mehr genießen kann. Wenn ich ein Bild dafür finden müsste, sehe ich mich am Ofen stehen und Holz nachwerfen, um das jeweilige Vorhaben weiter zu befeuern und noch erfolgreicher zu machen. Und wenn es mal Probleme gibt, dann muss ich für eine kurze Zeit mit meinen massivsten Sohlen die Funken austreten, um anschließend wieder barfuß am Feuer sitzen zu können.

Mit meiner damals getroffenen Entscheidung kann ich bis heute wunderbar leben. Das Business ist nicht alles, nicht nur weil ich natürlich auch noch ein Privatleben habe, sondern auch weil ich zusätzlich noch andere Interessen verfolge, die ebenfalls Zeit beanspruchen. Seit dieser Zeit hat mein Engagement für verschiedene Belange stetig zugenommen. Allein dafür war das Freiarbeiten notwendig, sonst hätte ich das gar nicht in dieser Art und Weise machen können. Dabei war es mir wichtig, für meine Überzeugungen zu werben, mitzureden, wo ich etwas zu sagen hatte. All das hätte ich zeitlich niemals geschafft, wenn ich beruflich nicht diesen Schritt zurück gemacht hätte. Insofern habe ich es nie bereut, dass ich quasi zum Feuerwehrmann meiner eigenen Unternehmen geworden bin. Tief in meinem Inneren bin und bleibe ich ein Kreativer. Das ist mein Wesenskern. Als kreativer Mensch schafft man etwas Neues – einen neuen Song oder ein neues Bild. Man bringt etwas in die Welt, das es vorher nicht gab. Und so habe ich das eigentlich auch immer mit meinen Unternehmungen empfunden. Einer meiner Wettbewerber, der mich schon sehr lange kennt, Klaus Ebert von RTL Nord, sagte mal über mich: „Frank Otto ist ein exzellenter Developer, versagt aber leider komplett im Finishing.“ Und als selbstkritischer Mensch muss ich ihm absolut recht geben. Mich interessiert das Neue, der Anfang, etwas auf den Weg zu bringen. Wie viele Bilder habe ich während meines Kunststudiums nicht vollendet, weil mir die Ausführung zu lange dauerte und ich schon ein neues Bild im Kopf hatte. Das war zweifellos eine sehr zutreffende Beobachtung von Klaus Ebert, dass ich bei jedem Neuanfang mit vielen Ideen, großem Gestaltungswillen und einer Menge Elan die Dinge angehe. In dem Augenblick allerdings, in dem die Routine einsetzt, werde ich fahrig und unkonzentriert. Routine macht mich wahnsinnig. Dann kann und mag ich nicht mehr und bin auch nicht mehr gut in dem, was ich tue. Man sollte nur wissen, worin man gut ist und was man besser lässt. Herumspinnen, Ideen entwickeln, Projekte anleiern, Menschen mitnehmen – all das kann ich. Abarbeiten können das dann später andere.

WAS ES BEDEUTET, EIN OTTO ZU SEIN

„Die ganze Vielfalt, der ganze Reiz, die ganze Schönheit des Lebens besteht aus Schatten und Licht", konstatierte Schriftsteller Leo N. Tolstoi. So gesehen wiegen die Schattenseiten des eigenen Lebens vielleicht weniger schwer. Ein Kapitel über den Vergleich mit dem scheinbaren Übervater und die Last eines großen Vermögens.

Es gibt Menschen, die meinen Nachnamen hören und sofort voraussetzen, dass ich ein Guter bin. Die wissen nichts über mich, aber sind davon überzeugt, dass man als ein Otto per se nicht schlecht sein kann. Das mag sich im ersten Moment vorteilhaft anhören, aber mich hat es dennoch oftmals gestört. Wie jeder andere wollte ich als eigenständiger Mensch wahrgenommen werden, nicht als Sohn des Erfolgsunternehmers und als Versandhauserbe. Ich erinnere mich an eine Begebenheit, als ich dreizehn Jahre alt war. Mein Vater eröffnete in Alstertal das Shoppingcenter AEZ als erstes überdachtes Einkaufszentrum in Deutschland. Zunächst wurde nur im kleinen, internen Kreis Eröffnung gefeiert, wobei nur die künftigen Ladeninhaber und diejenigen anwesend waren, die an der Errichtung dieses Centers beteiligt gewesen waren. Es war November und dementsprechend kühl, weshalb mein Vater im Mantel zum großen Empfang kam. Drinnen brauchte er seinen Mantel natürlich nicht mehr, also drückte er ihn mir in den Arm und sagte: „Gib den mal ab!“ Folgsam ging ich zur Information und fragte, wo ich einen Mantel abgeben könne. Die an der Information postierte Dame erklärte mir, dass es im Center keine Garderobe geben würde, sodass ich mit dem Mantel auf dem Arm wieder zu meinem Vater zurückkehrte. Entschuldigend meinte ich zu ihm: „Es gibt hier keine Garderobe.“ Da wurde er richtig böse und wies mich zurecht: „Mein lieber Junge, eins musst du dir merken: Du musst immer sagen, wer du bist!“ Mir schoss sofort die Frage durch den Kopf: „Ja, wer bin ich denn? Der Sohn von …“ Dieses Selbstverständnis widerstrebte mir, und wegen des negativen Beigeschmacks, den dieses Erlebnis bei mir hinterließ, erinnere ich mich bis heute daran.

Natürlich kannte ich viele Kinder „aus gutem Hause“, reiche Familien, berühmte Eltern. Diese Kinder liefen mit einem allseits bekannten Namen herum und wurden ständig mit ihren Eltern verglichen. Für die meisten war das eine Last. Viele von ihnen hielten diesem Druck nicht stand und gingen lieber ins Ausland, wo ihr Name keine Hypothek darstellte. Manche litten sogar unter psychischen Problemen, auch weil sie die vielen falschen Freunde und Beziehungen nicht ertrugen. Geld lockt die Fliegen an wie das Licht die Motten – das ist eine einfache wie bittere Wahrheit. Jedes Mal wenn ich neue Menschen kennenlerne, stellt sich mir die Frage, ob es jetzt eigentlich gerade um mich geht oder um mein Geld. Vermutlich wird sich das auch niemals ändern. Das ist eben die Schattenseite, die Kehrseite der Medaille. Wie alles im Leben hat auch die eigene Herkunft zwei Seiten. Wenn man Nutznießer der positiven Seite ist, muss man die negative auch akzeptieren. Das gehört dazu, es gibt das eine nicht ohne das andere. Damit habe ich zu leben gelernt. Irgendwie aber schaffte ich es, mich von meiner Familie, vom Namen meines Vaters zu emanzipieren. Natürlich wussten die Menschen in meinem Umfeld, zu welcher Familie ich gehöre, aber es spielte keine Rolle, war nicht von Belang. Deswegen sah ich auch nicht die Notwendigkeit, ins Ausland zu flüchten. Zudem ist der Name Otto auch ein bisschen gewöhnlicher als andere Namen, wodurch ich vielleicht weniger unter dem Druck stand, immer gleich meine familiäre

Herkunft erklären zu müssen. Insofern durchlief ich eine völlig andere Sozialisation als die meisten, die aus vergleichbaren Verhältnissen stammten. So gelang es mir auch, mir selbst ein anderes Milieu zu erschließen. Glücklicherweise zeigte sich mein Vater einigermaßen offen gegenüber meinen Vorstellungen und Wünschen, ließ mich bildende Künste studieren und als Musiker durch die Lande ziehen. Heute denke ich oft, dass es daran gelegen haben mag, dass er ebenfalls diese künstlerische Seite in sich trug. Auch wenn ich selbst den Schriftsteller in ihm gar nicht kennengelernt habe, weiß ich, dass er einst Romane schrieb und gern Autor geworden wäre. So wie ich ihn in Erinnerung habe, war er ein Vollblutkaufmann und Mathegenie. Es war wirklich beeindruckend, wie mein Vater Kopfrechnen konnte, Fehler unterliefen ihm dabei nie. Er korrigierte sogar Leute, die mit dem Taschenrechner neben ihm saßen und sich offensichtlich vertippt haben mussten. So wie ich auf meine Beobachtungsgabe vertraue, so vertraute er auf seine Rechenkünste. Diesbezüglich war er unschlagbar. Außerdem war er ein Arbeitstier; ich sehe ihn noch heute an seinem Stehpult stehen. Ich erlebte aus nächster Nähe mit, wie er neben seiner Arbeit für den florierenden Versandhandel begann, das Unternehmen Einkaufs-Center Entwicklung aufzubauen, kurz ECE. Gemeinsam reisten wir damals nach Kanada und nach Paris, um uns hochmoderne Einkaufszentren anzusehen. Das war ein ganz neues, aus Übersee stammendes Konzept: Einkaufen als Erlebnis. Ich konnte die Faszination, die das für ihn hatte, deutlich spüren. Wenn wir mit einem Planer allein auf der grünen

Wiese standen und mein Vater vor unserem geistigen Auge das Shoppingcenter und die davorliegenden Parkplätze entstehen ließ, wo zu dem Zeitpunkt nur Acker zu sehen war, fand ich das einfach nur beeindruckend. Das war auch der Grund, weshalb ich absolut nachvollziehen konnte, wie stolz er jedes Mal darauf war, wenn so ein Center eröffnet wurde. Der öffentliche Eindruck, mein Vater sei ganz anders gewesen als ich, hat mit der Realität nichts zu tun. Es gab viele Parallelen zwischen uns, die von anderen nur nicht wahrgenommen wurden. Er war auch alles andere als ein Opportunist, weshalb er während der Zeit des Nationalsozialismus sogar zwei Jahre im Gefängnis saß. Auf meiner zweiten Hochzeit hielt er eine kleine Tischrede: „Franki, im Grunde bist du der einzige meiner Söhne, der nach mir geschlagen ist!“ Diese Worte, die ich in jenem Moment ein bisschen unsensibel fand, weil meine Geschwister ja auch dort an den Tischen saßen, begleiteten mich fortan und versöhnten mich ein Stück weit mit allem, was in meiner Kindheit vielleicht nicht so verlaufen war, wie man sich das wünschen würde.

Schon als Minderjähriger wurden mir von meinem Vater Anteile an seinem Unternehmen überschrieben, die aber selbstverständlich bis zu meiner Volljährigkeit von ihm selbst verwaltet wurden. Weil ich von dieser Beteiligung und seinem Geld gar nichts wissen wollte, vereinbarte ich mit ihm, mir erst zu meinem dreißigsten Geburtstag die Verfügung über die Vermögensanteile zu gewähren. Meine magische Grenze! Sicher hätte ich nach Erreichen meiner Volljährigkeit auf das Geld zugreifen können, aber das war nicht mein

Weg. Mein kleiner Ausflug in das Versandhaus hatte gezeigt, dass ich kein Konzernmensch war. Ich schätze diese kurze Episode keineswegs gering – sie war interessant und lehrreich für mich. Aber sie machte mir eben auch unmissverständlich klar, dass ich das nicht wollte. Stellte sich nur die Frage, was ich stattdessen wollte. Wäre ich durch meine Musik ein großer Popstar geworden, hätte ich wahrscheinlich sogar auf das Geld meines Vaters verzichtet. Daraus ist aber nichts geworden. Als ich dann überraschend als Radiomann Furore machte, war das für mich der Zeitpunkt der Entscheidung. Ich hatte plötzlich das Gefühl, das Geld sinnvoll einsetzen zu können. Das war mein Weg. Das hatte etwas mit mir zu tun. Es war eine Aufgabe, die ich als wichtig erachtete und die kein anderer so hätte übernehmen können. Wie in einem klassischen Start-up war ich ein kompletter Nerd und Fachidiot, rein monothematisch interessiert, alles ausschlachtend, was man fürs Radiomachen gebrauchen konnte. Ich war nur noch aufs Radio fokussiert. Und dabei half mir mein finanzieller Background ungemein.

Die Tatsache, dass ich meine Berufung gefunden hatte und wusste, wie mein Weg weitergehen würde, veranlasste meinen Vater nicht zu besonderen Beifallsstürmen. Nur einen Radiosender zu betreiben, hätte ihn kaum beeindruckt. Für ihn klang ein Sender wie gesagt so grauslich wie der andere; Musik war einfach nicht sein Ding. Dennoch nahm er Anteil an meinem beruflichen Weg und zeigte deutlich, dass er sich über meinen Erfolg freute. Jedes Mal, wenn er in der Zeitung auf irgendetwas stieß, das mit mir zu tun hatte, schnitt er die Artikel aus und zeigte sie mir. Beeindruckt hat mich aber vor allem ein für mich legendäres Telefonat, in dem er mir sagte: „Mein lieber Junge, ich glaube, von deinem Geschäft verstehst du mehr als ich!" Das sagte ein Mann, der es in der Wirtschaftswelt ganz nach oben gebracht hatte. Diese Anerkennung hat mir wirklich viel bedeutet und tut es bis heute. Gleichzeitig hatte ich Mitleid mit Michael. Er war in die Fußstapfen meines Vaters getreten, weshalb er solche Worte sicher nie gehört haben wird. Er führte mit meinem Vater viele intensive Gespräche übers Geschäftliche, aber dabei wird es immer einen alten Herrn gegeben haben, der es besser wusste. Wobei mein Vater überhaupt kein Besserwisser war, das meine ich damit nicht. Aber er war bis ins hohe Alter extrem gut informiert über das, was im Konzern passierte. Das war ja auch sein Lebenswerk. Natürlich ließ ihn das nicht los. Und allein deswegen wird es für Michael nicht leicht gewesen sein.

Wie sich mein Bruder dabei fühlte, Konzernlenker geworden zu sein, weiß ich nicht. Zweifelsohne hatte er ein Faible dafür – ansonsten kann man diesen Job gar nicht machen – und sicherlich hat es ihn auf eine gewisse Art und Weise auch stolz gemacht. Ich beneidete Michael allerdings nie darum. Mir war meine Freiheit wesentlich wichtiger. Ob er mich umgekehrt manchmal für diese Unabhängigkeit beneidete, kann ich nicht sagen. Mir fällt es schwer, mich emotional in ihn hineinzuversetzen. Vermutlich hat man auch gar nicht genügend Zeit, sich über solche Dinge Gedanken zu machen, wenn man so einem großen Konzern vorsteht. Ich weiß aber zum Beispiel, dass Michael in ökologischen Fragen ähnliche Grundüberzeugungen vertritt wie ich. Daher nahm er auch einige Umweltschutzziele in die Präambel der Unternehmenssatzung auf, was ich großartig fand. Wir gingen die Dinge zwar unterschiedlich an – während ich demonstrierte und in Bürgerinitiativen mitmischte, setzte er auf umweltfreundliche Produktion und Logistik –, dennoch waren wir in ökologischen Fragen einer Meinung, ohne uns darüber auszutauschen oder abzustimmen. Im täglichen Business haben wir dagegen wenig miteinander zu tun. Michael legte immer Wert darauf, dass ihm bei der Konzernführung niemand hineinquatschte. Ebenso würde ich mir auch in meine Projekte von ihm nicht reinreden lassen.

Viel Geld zu haben, ist übrigens nicht gleichbedeutend mit einem sorgenfreien Leben. Sorgen macht man sich trotzdem. Darum, dass die eigenen Unternehmen funktionieren und erfolgreich sind, aber auch um die Welt, in der wir alle leben. Das war das Schwierigste für mich, die finanzielle Verantwortung und die eigenen Überzeugungen in Einklang zu bringen. Jemand zu sein, der die Welt verändern möchte, und gleichzeitig Nutznießer dieser bestehenden Welt zu sein. Ich bemühe mich bis heute, etwas Vernünftiges aus meinen Möglichkeiten zu machen.

Ein Ereignis beeinflusste mein Leben nachhaltig und betraf mich nur deshalb so stark, weil ich eben ein Sohn von Werner Otto bin. In diesem Fall zeigten sich die Schattenseiten des großen Familiennamens. Es war Mitte der 1990er-Jahre, zu der Zeit, als ich schon ins Fernsehgeschäft eingestiegen war. Als Medienvertreter bekamen meine Mitarbeiter und ich sehr früh mit, dass Jan Philipp Reemtsma, der Sohn des Zigarettenfabrikanten, entführt worden war. Die Polizei informierte uns Medien, bat aber gleichzeitig darum, nichts darüber zu veröffentlichen, um das Leben von Jan Philipp Reemtsma nicht zu gefährden. Anfangs betrachtete ich den Entführungsfall noch von außen und aus einer gewissen Distanz heraus, als Medienmann eben. Doch dann ging mir dieser Fall näher und näher. Die Polizei rechnete mit Nachahmern, sobald das Lösegeld gezahlt, die Entführung beendet und alles publik gemacht wäre. Kriminelle, die darüber in den Zeitungen lasen, würden sich sofort animiert fühlen, etwas Ähnliches zu versuchen. Und welche Personen hätten wohl ins Fadenkreuz solcher Krimineller geraten können? Es ist übrigens so, dass zumeist Männer entführt werden. Mit Frauen kommen Kidnapper möglicherweise weniger gut klar. Vielleicht weil sie unberechenbarer in ihren Reaktionen sind als Männer. Das hörte ich jedenfalls aus Polizeikreisen.

Nachdem die Entführung publik wurde, stellte das Bundeskriminalamt sogleich Personenschützer ab, die mich rund um die Uhr begleiteten. Und damit nicht genug. Mein Vater hatte schon frühzeitig die Otto-Sicherheit ins Leben gerufen, einen eigenen Sicherheitsdienst des Unternehmens. Als die Öffentlichkeit über die Entführung von Jan Philipp Reemtsma informiert wurde, entschied er gleich, dass auch ich fortan von einem Sicherheitsmann geschützt werden sollte. Meine Geschwister hatten schon länger Personenschutz, nur ich hatte das Privileg genossen, ohne Personenschutz leben zu dürfen. Bis zu jenem Tag. Michaels Schutz wurde ausgeweitet, personell wie zeitlich. Und mich begleitet seither auf Schritt und Tritt ein Bodyguard. Diese präventive Maßnahme aus väterlicher Fürsorge empfand ich als großen Eingriff in mein Leben. Es fühlte sich an, als würde mir jegliche Spontaneität genommen. Dabei änderte sich letztlich gar nicht allzu viel. Trotzdem verlor ich ein Stück Freiheit. Auch wenn ich mich natürlich mit der Zeit an diese Situation gewöhnte, so wie man sich an alles gewöhnt. Dieser Personenschützer, den mein Vater mir damals an die Seite stellte, ist bis heute bei mir, und ich würde unser Verhältnis schon fast als freundschaftlich beschreiben. Wir duzen uns und haben zwangsläufig schon vieles gemeinsam erlebt. Der könnte sicher auch ein Buch über mich schreiben. Die BKA-Beamten hingegen blieben nur während der Akutphase an meiner Seite. Diese erhöhte Entführungsgefahr bestand tatsächlich. In der Folge der Reemtsma-Entführung gab es einige völlig dilettantische Erpressungsversuche, deren Urheber, so glaube ich zumindest, ausnahmslos geschnappt wurden. Als später auch Thomas Drach, der Drahtzieher der Reemtsma-Entführung, festgenommen wurde, war diese Nachahmerphase schlagartig vorbei, weil nun deutlich wurde, dass selbst einer, der alles sehr genau ausklügelt, trotzdem nicht davonkommt.

Nie zuvor hatte ich auch nur einen Gedanken daran verschwendet, dass irgendjemand mich aufgrund meines familiären Hintergrunds auf dem Kieker haben könnte, aber plötzlich gab es fast so etwas wie eine Bedrohungslage. Zumindest fühlte es sich für mich so an. Entführung und Erpressung waren nichts Ungewöhnliches, solche Fälle gab es immer wieder. Und weil ich Jan Philipp Reemtsma auch noch flüchtig von einer Radiosendung kannte, die meine Mitarbeiter mit ihm für OK Radio gemacht hatten, fühlte sich seine Entführung für mich noch näher an. Er hatte damals bei uns im Studio gesessen und mit meinen Leuten seine Themen vorbereitet. Aus dieser Zeit wusste ich, dass er ganz anders mit seinem Erbe umgegangen war als ich mit meinem. In einem *Spiegel*-Artikel hatte er ganz offen dargelegt, wie viel Geld er für den Verkauf seiner Reemtsma-Anteile bekommen hatte. Und genau diese Offenheit wurde ihm zum Verhängnis, weil er dadurch nämlich in den Fokus seines späteren Entführers geriet, sonst wäre der vielleicht gar nicht auf ihn aufmerksam geworden. Thomas Drach hatte systematisch ausgespäht, wer in Deutschland überhaupt für eine Entführung infrage käme, für wen mit großer Wahrscheinlichkeit ein üppiges Lösegeld gezahlt werden würde. All diese Dinge kamen später in seinem Prozess ans Tageslicht, nachdem man ihn dingfest gemacht hatte. Vor Gericht erzählte er bereitwillig, wen er alles observiert hatte und wer potenziell für ihn als Entführungsopfer infrage gekommen war. Bis heute kaum bekannt ist dagegen die Tatsache, dass er auch mich ausgespäht hatte. Auch das kam während des Gerichtsverfahrens ans Licht, das von meinen Sicherheitsleuten selbstverständlich verfolgt wurde. Sie waren diejenigen, die mir zutrugen, dass Drach eine ganze Menge über mich wusste, wo ich wohnte und wo mein Büro lag, solche Dinge. Nicht jede Information war korrekt. So ordnete er mir beispielsweise ein falsches Auto zu. Der Grund, weshalb ich wohl relativ schnell in seinen Augen als Entführungsopfer nicht optimal geeignet war, war mein unsteter Lebensstil. Ich hatte einfach keinen regelmäßigen Tagesablauf. Ein Kidnapping braucht Vorbereitung, braucht Logistik, das heißt, es muss exakt geplant sein. Ein Entführer muss den Zugriffsmoment genau bestimmen können, ansonsten ist das ganze Unterfangen schon von vornherein zum Scheitern verurteilt. Er kann sich ja nicht stunden- oder tagelang irgendwo auf die Lauer legen. Die Gefahr, entdeckt zu werden, wäre viel zu groß. Genau das war bei mir, der ich nach Lust und Laune mal irgendwo aufkreuzte, aber überhaupt nicht möglich. Bei mir ließ sich kein Zeitpunkt bestimmen, an dem ich verlässlich und regelmäßig an einem bestimmten Ort anzutreffen war. Deshalb schied ich als Opfer aus. Ich kann also mit Fug und Recht behaupten, dass mich mein unkonventioneller Lebensstil in diesem Fall gerettet hat. Drach jedenfalls erschien der Zugriff bei Jan Philipp Reemtsma am unproblematischsten und sichersten.

Nach seiner Entführung schrieb Reemtsma sein Buch *Im Keller*, das ich selbstverständlich las. Mittelbar war ich ja von seinem Schicksal betroffen, denn als Folge hatte ich jetzt weniger Freiheiten als zuvor. Außerdem hätte es ja auch mich treffen können, wie ich inzwischen wusste. Deshalb war ich sehr interessiert daran zu erfahren, wie er diese Zeit erlebt hatte, und fragte mich, wie ich wohl mit der Situation umgegangen wäre. Für mich war es spannend, mich mit alldem auseinanderzusetzen. Vor wenigen Jahren las ich auch noch das Buch *Wir sind dann wohl die Angehörigen. Die Geschichte einer Entführung*, in dem sein Sohn die Ereignisse von damals aus seiner Sicht schildert. Als er eine Lesung im Hamburger Literaturhaus hielt, ging ich hin und hörte ihm zu. Das, was ich aus diesen Büchern erfuhr, hat meinen Respekt vor Jan Philipp Reemtsma noch größer werden lassen. Während der Entführung kontrollierte er stets extrem seine eigene Gefühlslage. Er vertraute auf seine intellektuellen Fähigkeiten und hielt sich geistig dauerhaft beschäftigt. Viele Themen, mit denen er sich außerhalb dieser Extremsituation schon auseinandergesetzt hatte – ob Folter in Lateinamerika oder Stockholm-Syndrom –, ging er bewusst durch und baute sich so sein eigenes Gerüst, mit dem er sich selbst in die Lage versetzte, intellektuell zu verarbeiten, was gerade mit ihm geschah. Bei anderen Entführungsfällen, an die ich mich aus meiner Jugend erinnere, zum Beispiel die Entführung von Paul Getty, waren die Opfer dazu überhaupt nicht in der Lage. Jan Philipp Reemtsma wusste seine Gefühle genau einzuordnen und schützte sich auf diese Weise. Aufgrund seiner intellektuellen Stabilität wurde er weniger zum Opfer, als es andere in dieser entsetzlichen Lage geworden wären. Mich faszinierte, wie er stetig nach Möglichkeiten suchte, Schlussfolgerungen aus allem zu ziehen, festzustellen, wo er sich aufhielt, wie er auf sich aufmerksam machen konnte. Wenn er mit seinen Entführern sprach, wendete er psychologische Kniffe an, um ihnen etwas zu entlocken; er agierte absolut reflektiert. Eine unglaublich spannende Persönlichkeit! Ob ich dieses Erlebnis ebenso gut hätte verarbeiten können, wie er es anscheinend getan hat, ist eine hypothetische Frage, die sich nicht beantworten lässt. Ich bin nur froh, dass ich es nicht habe herausfinden müssen.

ERFOLG BRAUCHT KEIN KETTENSÄGEN-MASSAKER

Was ein einzelner Groschen mit einer gewissen Chuzpe und ein ausbleibendes Kettensägenmassaker mit Führungsstärke zu tun haben. Eine Idee in weinseliger Stimmung ist der Startschuss zu einem neuen Abenteuer, in dem sich wieder einmal zeigt: „Ein Traum, den man alleine träumt, ist nur ein Traum. Ein Traum, den man zusammen träumt, wird Wirklichkeit."
(Yoko Ono, Künstlerin)

Das Ende des Jahrzehnts, genauer gesagt das Jahr 1999, brachte mir ein nächstes großes Abenteuer und berufliches Highlight: Ich stieg bei der *Hamburger Morgenpost* ein. Alles begann auf der Fünfzigjahrfeier der Boulevardzeitung. Die unter Hamburgern kurz *MOPO* genannte Gazette muss man einfach liebhaben, zumindest ging und geht mir das bis heute so. Gerd Schulte-Hillen war damals im Vorstand bei Gruner + Jahr für die *MOPO* zuständig und hielt gerade im Festzelt eine Rede, während die Mitarbeiter – mehr oder weniger aufmerksam – seinen Treueschwüren lauschten. Während ich draußen vor dem Zelt eine Zigarette rauchte, sprach mich Hans Barlach an, einer der Nachfahren des Bildhauers Ernst Barlach, der immer an gewinnbringenden Investitionen interessiert war. Er fragte mich, ob ich schon einmal darüber nachgedacht hätte, die *MOPO* zu übernehmen. Ich sah ihn völlig perplex an. Die *MOPO* übernehmen? Wie kam er denn darauf? Drinnen wurden gerade große Reden geschwungen, doch er meinte grinsend, er würde diesen Treueschwüren nur wenig Glauben schenken und nur zu gern wissen, wie es wirklich um die *MOPO* stehe. Er hatte vor, sich das mal genauer anzusehen und Gruner + Jahr eventuell ein Angebot zu unterbreiten. Zugegeben, sein Vorschlag klang interessant, dennoch wollte ich eine solche Entscheidung ganz gewiss nicht nach dem zweiten oder dritten Glas Wein treffen. Ich ließ die Idee erst ein paar Tage sacken, bevor Barlach und ich uns erneut zusammensetzten. Während des Treffens kristallisierten sich immer mehr Gründe heraus, die für eine Übernahme der *MOPO* sprachen. Wir traten also an

Gruner + Jahr heran und machten eine Offerte. Wie wenig das gesprochene Wort wert war, zeigte sich kurze Zeit später, als wir tatsächlich den Zuschlag bekamen. Das war nicht nur überraschend, sondern auch wirklich begeisternd, zumal wir die *MOPO* zu ziemlich guten Konditionen erwerben konnten. Wenn ich mich recht erinnere, hatte sie damals um die 130 Millionen Mark verloren und galt dementsprechend als defizitäres Blatt. Der Grund, warum Gruner + Jahr sie loswerden wollte – dachten wir. Es gab allerdings noch einen anderen, wahren Grund, den wir erst erfuhren, nachdem wir den Vertrag unterzeichnet hatten. Der Betriebsratsvorsitzende der *MOPO* saß damals im Europabetriebsrat von Gruner + Jahr und mit unserer Übernahme waren sie eben diesen Betriebsrat von heute auf morgen los. Kaum dass die Tinte trocken war, stießen unsere Vertragspartner sofort darauf an. Das wirkte auf uns schon etwas befremdlich, sollte dem Ganzen in unseren Augen aber keinen Abbruch tun. Die Zeit bei der *MOPO* war für mich wirklich großartig und ich verstand mich sogar mit diesem speziellen Betriebsrat recht gut. Vermutlich weil ich eine andere Einstellung zu solchen Themen hatte als die Gruner + Jahr-Vorstände.

Zum Zeitpunkt der Übernahme wusste ich verhältnismäßig wenig vom Zeitungswesen; ich war ja ein Frischling, was den Printbereich anging. Allerdings hatte ich genügend Selbstvertrauen, um zu wissen, dass ich intellektuell in der Lage war, mich mit Journalisten auf Augenhöhe zu unterhalten, ihnen meine Ideen darzulegen und mich mit ihnen über den richtigen Weg zu verständigen. Diese Dinge kannte ich aus den elektronischen Medien und viel mehr brauchte – und wollte – ich auch gar nicht. Ich wollte doch nicht das Blatt machen. Die inhaltlichen Entscheidungen sollten selbstverständlich bei der Redaktion liegen; diesbezüglich hatte ich vollstes Vertrauen in ihre Kompetenz.

Gleich am Tag des Erwerbs gab es eine große Betriebsversammlung, bei der wir uns der Belegschaft vorstellten. Der Betriebsratsvorsitzende ergriff als Erster das Wort und hielt eine Ansprache, danach wendeten wir uns an die Mitarbeiter. Als wir fast mit der Darstellung unserer Agenda fertig waren, gab es von hinten plötzlich einen Zwischenruf: „Und wann kommt das Kettensägenmassaker?“ Mit dieser Sorge war der Zwischenrufer nicht allein. Es gab einige Angestellte, die mit einer Entlassungswelle rechneten. Wie sonst sollte man eine defizitäre Zeitung sanieren? Meine Antwort schuf Klarheit: „Eine Entlassungswelle wird es nicht geben. Es wird chirurgische Eingriffe geben, mehr aber auch nicht.“ Und ich hielt mein Wort. Tatsächlich gab es am Ende nur einen einzigen chirurgischen Eingriff – und der betraf ausgerechnet diesen Zwischenrufer.

In einem Zeitungsartikel nannte man Hans Barlach und mich damals „Die Totengräber der *Morgenpost*“. Alle Welt dachte, Gruner + Jahr hätte die *MOPO* nur abgestoßen, weil die Zeitung nicht zu retten wäre und sie das Schiff nicht im eigenen Hafen untergehen lassen wollten. Das war die Logik der Journalisten. Wir aber überzeugten sie später vom Gegenteil. Nicht einen einzigen Monat schrieben wir rote Zahlen – was durchaus auch damit zu tun hatte, dass ich in gewisser Weise ahnungslos war. Eine unserer ersten Maßnahmen war, den Preis der Zeitung um einen Groschen anzuheben. Rückblickend eine ziemlich unverfrorene Aktion, denn ich wusste nichts von dem ungeschriebenen Gesetz, das unter den Verlegern galt: Nur der Marktführer hebt den Preis an, erst dann können alle anderen nachziehen. Ich hatte aber keine Kenntnis davon und es hatte mich auch niemand vorgewarnt. Erst als der Preis schon erhöht war, klärte man mich auf. Es gibt doch diesen schönen Spruch: „Alle sagen: ‚Das geht nicht', bis einer kommt, der das nicht weiß und es einfach macht." Genau so war es. Ich erhöhte also den Preis der *MOPO* und schrieb sofort schwarze Zahlen. Im Nachhinein war das wirklich bemerkenswert.

Meine Arbeit als Herausgeber einer Tageszeitung begann mit personellen Umstrukturierungen. Zur Vorbereitung führte ich mit jedem einzelnen Mitarbeiter persönliche Gespräche, es waren sicher 120, vielleicht sogar noch mehr. Meine Kernfragen lauteten: „Was möchtest du werden? Wohin willst du? Was sind deine Ziele?" Ich wollte mir einen Überblick verschaffen, um die Leute optimal einsetzen zu können. Jemanden, der gerne beim *Spiegel* arbeiten wollte, musste ich nicht für eine Lokalgeschichte auf den nächstgelegenen Marktplatz schicken. Der sollte sich eher anderen Storys widmen. Ich führte natürlich auch mit dem Betriebsratsvorsitzenden ein Vieraugengespräch. Ich fragte ihn nach seinem Traum und er antwortete: „Ich möchte mal einen Streik anführen." Ich muss zugeben, dass ich ihn aufgrund seiner Offenheit damals sofort in mein Herz schloss. Lachend erwiderte ich: „Nur blöd, dass ich jetzt der Chef bin. Bei mir wird es keinen Streik geben!“ Er war sich da anfangs nicht so sicher; damals kannte er mich eben noch nicht gut genug. Über die Jahre entstand zwischen uns dann aber ein hervorragendes Vertrauensverhältnis.

Eine weitere Frage stellte ich allen Mitarbeitern: „Wie sieht die *MOPO* in zehn Jahren aus?“ Damit wollte ich einen Anstoß geben und den Blick nach vorn richten. Heraus kamen wirklich tolle Überlegungen und Ansätze, aus denen wir eine Vision in Form eines Zehnpunkteplans entwickelten. Einige der Punkte konnten wir sofort anpacken und umsetzen, für manche waren weitere Maßnahmen nötig. Der letzte war der schwierigste: Wir wollten eine Druckerei finden, die unser Format drucken konnte – und zwar alle Seiten vierfarbig. Das gaben die Druckmaschinen, auf denen die *MOPO* damals gedruckt wurde, zwar noch nicht her, aber es war uns wichtig, diesen Plan zu realisieren. Zum einen für die Werbung, zum anderen für das Blatt generell. Denn wo lag der große Unterschied zwischen *MOPO* und *BILD*-Zeitung? Die *BILD* hatte ein auf emotionale Wahrnehmung abgestelltes Layout, arbeitete mit expliziten Hinguckern auf jeder Seite. Die *MOPO* hingegen besaß eine eher funktionale Struktur, eröffnete mit einem politischen Teil, erst weiter hinten kamen die bunten Themen. Wir wollten ein Farbkonzept entwickeln, das dem Leser beim Durchblättern sofort klarmachte, wo er sich gerade befand und welche Themen er vor sich hatte. Für den Internetauftritt der *MOPO* hatten wir das Farbkonzept bereits etabliert. Nun galt es, dieses Konzept auch ins gedruckte Blatt zu bringen.

Es war dann aber so, dass unsere internen Ideen und Entwürfe regelmäßig auf dem Scanner landeten und irgendwie anderen in der Branche zugespielt wurden. Meine Leute hatten unseren Betriebsrat in Verdacht und waren stinksauer; sie empfanden das als höchst illoyal. Ich sah das eher gelassen: „Was ist denn daran so schlimm? Letzten Endes ist es kostenlose Werbung für uns. Ist doch toll, wenn alle über uns reden." So entwickelte ich das Blatt mithilfe der Mitarbeiter weiter, ganz nach dem Motto: Vertrauen investiert man, Vertrauen bekommt man nicht geschenkt! Alle Neuerungen wurden stets in Zusammenarbeit mit der Belegschaft entwickelt, was mich von meinem Vorgänger Mathias Döpfner komplett unterschied. Ich kannte Döpfner aus dem Presseclub, in dem ich schon seit einigen Jahren Vorstand war. Als er noch für die *MOPO* verantwortlich war, rief er mich eines Tages an und bat mich um einen Termin. Wenige Tage später stattete ich ihm einen Besuch in seinem Büro ab. Er zeigte mir unterschiedliche Layouts, Ideen, wie man die *MOPO* verändern könnte. Ich weiß noch, dass die Entwürfe mich an die Zeitung *US Today* erinnerten. Dann fragte er mich nach meiner Meinung – und zwar auf eine Art, die ihm auch bei der Führung des Springer-Verlags nachgesagt wird: sensibel, mit Augenmaß und Feinsinnigkeit. Deshalb wunderte es mich in meiner *MOPO*-Zeit umso mehr, dass die ganze Belegschaft stets zusammenzuckte, wenn man den Namen Döpfner nur erwähnte. Für mich passte diese Reaktion einfach nicht zusammen mit dem Döpfner, den ich kennengelernt hatte. Für die Mitarbeiter war er wohl immer eine unnahbare Figur gewesen, und später erfuhr ich, dass die Konzepte, die er mir damals gezeigt hatte, alle in einer Agentur entstanden und eben nicht mit den *MOPO*-Mitarbeitern entwickelt worden waren. Ich glaube, das war sein grundsätzlicher Fehler, denn so stand keiner seiner Leute dahinter. Er wollte ihnen ein Konzept überstülpen und das fühlte sich für die Mitarbeiter nicht richtig an. Gleichzeitig war er selbst nicht nah genug an ihnen dran, um überhaupt zu merken, welche Wirkung er bei seinen eigenen Leuten hinterließ. In dieser Hinsicht war ich einfach ein anderer Typ.

Ich selbst war *MOPO*-Leser, wusste um die Besonderheit des Blatts und die große Leserbindung. Die Zeitung hatte von vornherein eine Struktur, auch wenn sie nicht so schlüssig war, wie sie es dann nach Umsetzung unseres Zehnpunkteplans wurde. Diese Struktur ließ sich verbessern, und ich wusste, dass die Leser aufgrund ihrer hohen emotionalen Bindung den Weg mitgehen würden. Mit den Neuerungen stieß ich die Leser ja nicht vor den Kopf, sodass sie ihre Zeitung kaum wiedererkannt hätten. So drastisch waren die Eingriffe nicht. Es ging mehr darum, klarer zu sein, mehr Inhalte zu präsentieren. Wir nahmen die Wirtschaft mit auf, wir versuchten, mehr Text auf den vorhandenen Seiten unterzubringen, und wir machten es zum Prinzip, jeden Tag eine Beilage zu liefern. Der Käufer, der ja nun einen Groschen mehr zahlen musste, sollte etwas für sein Geld bekommen. Das war die Idee: Man kaufte sich die *MOPO* und bekommt noch was dazu. Und wer hat schon was dagegen, wenn ihm etwas geschenkt wird? Exakt so benannten und bewarben wir es auch: „Die MOPO heute mit der Beilage XY." Es gab durchaus Leute, die die *MOPO* nur wegen der aktuellen Beilage kauften; insofern war das ein richtiger Schritt.

Ein weiteres Thema war die Rückseite der *MOPO*, die sogenannte U4. Ein Thema, das niemand anzusprechen wagte. Damals stand auf der U4 das Fernsehprogramm – einst eine wirklich gute Idee von Schulte-Hillen, zumindest zu der Zeit, in der es nur drei Fernsehprogramme gab. Je mehr Fernsehprogramme allerdings hinzukamen, umso mehr entwickelte sich die Rückseite der Zeitung zum Augenpulver. Dabei war die Rückseite meiner Meinung nach eine Verkaufsseite. Wenn die Leute in der U-Bahn saßen und die *MOPO* lasen, sollte auf der Rückseite etwas drauf sein, was auf den ersten Blick neugierig machte. Damals waren Zeitschriften wie die *GQ* auf dem Vormarsch; plötzlich gab es diesen Trend zu einer gewissen Sporterotik, wie ich es nannte. Natürlich wollte ich nicht einfach die Seite drei der *BILD*-Zeitung mit ihren nackten Mädchen kopieren. Ich wollte authentische Geschichten, etwas Sportliches oder Modisches, sowohl mit Frauen als auch mit Männern, aber immer mit einem erotischen Touch. Der Betriebsrat machte auf meinen Vorschlag hin sofort eine Umfrage in der weiblichen Belegschaft und siehe da: Die Frauen gaben mir recht. Sie fanden diesen Ansatz nicht sexistisch, sondern sahen es – wie ich – als attraktives Feature. Also änderten wir den Aufbau und druckten das Fernsehprogramm ab sofort auf einer Doppelseite. Bis heute wird die U4 der *MOPO* als zusätzlicher Eyecatcher und Kaufanreiz genutzt. Weil es sich um echte Geschichten handelt, wecken sie das Interesse der Leser. Das Bild lockt, die Geschichte liefert.

Ich hatte wirklich gute Leute, darunter preisgekrönte Journalisten. Einen von ihnen kannte ich sogar schon vorher, eine Koryphäe, einen ausgezeichneten Redakteur, der mir just die Freundschaft kündigte, als ich zur *MOPO* kam. Es passte nicht zu seinem Berufsethos, mit dem eigenen Chef befreundet zu sein. Ich fand das damals sehr konsequent und nahm es ihm auch nicht übel; irgendwie konnte ich ihn sogar verstehen. Diese guten Leute galt es bestmöglich einzusetzen und sie zu motivieren. Einige von ihnen saßen in Einzelbüros – das hatten sie sich wohl irgendwann mal verdient – und führten ein relativ selbstbestimmtes Leben. Manchmal wusste man nicht einmal, ob sie überhaupt zur Arbeit erschienen waren. Ihnen legte ich nahe, sich um den Nachwuchs zu kümmern. Von wem konnten die Volontäre unserer Zeitung mehr lernen als von den Besten? Nicht nur, dass die Maßnahme ihrem Ego schmeichelte, nun hatte ich auch die Gewissheit, dass sie redaktionell auch wirklich regelmäßig eingebunden waren. Es war mir ein großes Anliegen, die Mitarbeiter zu halten und, wenn nötig, neue Aufgabenbereiche für sie zu finden. Beispielsweise wurden aufgrund der Digitalisierung in der Bildredaktion nicht mehr alle Leute benötigt, die dort beschäftigt waren, wobei es mir gelang, jeden Einzelnen, der dort seinen Platz verlor, anderweitig einzusetzen. Allein dafür waren die persönlichen Mitarbeitergespräche immens wichtig gewesen. Auf diese Weise bekam zum Beispiel unser Onlineteam Zuwachs und wurde gestärkt. Es waren aufregende Jahre, in denen bei der *MOPO* wahnsinnig viel passierte. Das Beste aber war, dass wir gleich im ersten Jahr wieder in der Gewinnzone waren.

Was für eine Erfolgsstory! Die gesamte Printwelt war erstaunt und fragte sich, wie es sein konnte, dass ein so kränkelndes Blatt plötzlich wieder schwarze Zahlen schrieb. Auch Schulte-Hillen beglückwünschte mich, als er mitbekam, wie alles gelaufen war, und ich bin mir ziemlich sicher, dass bei Gruner + Jahr noch einmal diskutiert wurde, warum sie das nicht selbst hinbekommen hatten. Fairerweise muss ich dazusagen, dass ich anfangs sehr viel Unterstützung von dem damals ausscheidenden Geschäftsführer erhielt. Er erklärte mir das Unternehmen bis ins kleinste Detail und teilte mir sogar ganz offen seine Ideen mit, die er noch nicht umgesetzt hatte. Das war schon sehr ungewöhnlich. Viele Geschäftsführer behalten ihr Expertenwissen gerne für sich; er hielt es da ganz anders. Und ich fand, das war dem Blatt gegenüber extrem loyal. Einige seiner Überlegungen waren wirklich gut und richtig, also nahm ich sie in meine Agenda auf und setzte sie später auch um. Ich bin mir sicher, die *MOPO* hätte unter ihm gar keine schlechte Zukunft gehabt. Er hätte allerdings niemals den Preis erhöht, denn das ungeschriebene Gesetz war ihm natürlich bestens vertraut.

Gerade am Anfang wurde ich oft Dinge gefragt wie: „Bist du eigentlich für oder gegen Atomkraft?“ Und von Anfang an antwortete ich: „Leute, ich halte mit meiner Meinung bestimmt nicht hinterm Berg, aber wenn ihr meine Meinung publik macht, muss ich die Hälfte der Belegschaft entlassen, weil uns dann viele Leser nicht mehr lesen wollen oder können. Also schreibt lieber eure Meinung.“ Beim alten Verlegermodell war das nicht so. Schulte-Hillen war zum Beispiel jemand, der die *MOPO* immer auf einen liberalen Kurs bringen wollte. Mir war das hingegen völlig egal, weil ich aus den elektronischen Medien eine solche Einflussnahme gar nicht gewohnt war. Für solche Dinge gibt es dort Programmzuständige, die Rechenschaft ablegen müssen. Als Unternehmer darf man in dem Maße überhaupt nicht auf die Programminhalte einwirken, daher hatte ich auch nicht die Absicht, das bei der *MOPO* zu tun. Ich bin keineswegs davon überzeugt, dass alles, was ich mir einfallen lasse, der Weisheit letzter Schluss ist. Wenn ich Fehler mache, muss das auch jemand sagen dürfen. Mir helfen dann keine Duckmäuser um mich herum, die nur beipflichten: „Ja, Herr Otto. Natürlich, Herr Otto. Machen wir, Herr Otto.“ Viel lieber höre ich Argumente, warum man etwas vielleicht nicht machen sollte. Ich schätze es, wenn meine Ideen kritisch hinterfragt werden. Da waren die Verlegertypen der ersten Generation natürlich anders. Das waren sturmerprobte, auf ihre Autorität bedachte Kapitäne, die bis in den letzten Zipfel des Unternehmens persönlich hineinwirken wollten. Darum ging es mir nie.

Für die Belegschaft war das ein komplett neuer Führungsstil. Zuvor hatte sie stets das Gefühl gehabt, jemandes Besitz zu sein – was zweifellos auch so war. Gruner + Jahr hatte die *MOPO* jedes Jahr aufs Neue subventionieren müssen. Umso glücklicher war ich daher, mich nach einem Jahr vor die Belegschaft stellen zu können und zu sagen: „So, Leute, jetzt seht ihr: Die *MOPO* gehört euch. Jeder hat hier sein Geld selbst verdient. Ihr werdet nicht mehr bezuschusst von einem Herausgeber, das Haus ist jetzt profitabel. Die *MOPO* ist in den schwarzen Zahlen und das wird sie bleiben. Darauf könnt ihr stolz sein!" Das gab den Mitarbeitern noch mal ein ganz anderes Selbstbewusstsein, ein völlig neues Lebens- und Arbeitsgefühl. Und dann kam der besagte Zwischenrufer, der ein Jahr zuvor die Frage nach dem Kettensägenmassaker gestellt hatte. Trotz aller Erfolge und Verbesserungen, dem gefiel das alles nicht. Wir hatten die ersten Gewinne der *MOPO* direkt reinvestiert und die gesamte Redaktion neu gestaltet und eingerichtet; er aber war nach wie vor extrem unzufrieden. Wenig später trat der Betriebsrat in dieser Sache an mich heran und meinte: „Der Typ sorgt nur für schlechte Stimmung, den sollten wir besser vor die Tür setzen." Und das geschah dann auch – auf Wunsch des Betriebsrats. Ansonsten habe ich bei der *MOPO* nicht einem Mitarbeiter gekündigt.

Die Stimmung innerhalb des Betriebs war bestens. Bei den Weihnachts- und Betriebsfeiern hatte ich immer das Gefühl, alle Mitarbeiter seien meine Freunde. Für mich hatte die *MOPO* wirklich einen guten Spirit in dieser Zeit, übrigens inklusive Betriebsrat. Der hatte immer neue Pläne und war außerordentlich engagiert, keinesfalls eine faule Socke, sondern stets einfallsreich mit neuen Ideen, was er einfordern könnte. In meinem letzten Jahr bei der *MOPO* buchte er mich sogar als Redner für eine Betriebsversammlung. Das darf man sich ruhig einmal auf der Zunge zergehen lassen: Der Betriebsrat lud den Herausgeber ein, auf seiner eigenen Veranstaltung eine Rede zu halten. Das war schon stark.

Dass ich im Jahr 2004 meine kompletten Anteile an Hans Barlach verkaufte, hatte mit zwei für mich entscheidenden Dingen zu tun. Zum einen, dass unsere Zehnpunkteagenda mit der neuen Druckmaschine, mit der wir vierfarbig auf allen Seiten drucken konnten, nach vier Jahren umgesetzt war. Damit drohte die Routine, womit wir beim zweiten Punkt sind: Routine ist wie gesagt nicht mein Ding. Da werde ich sehr schnell nachlässig und schluderig, das können andere einfach besser. Es gab genügend Leute in dem Laden, auf die Verlass war. So konnte ich mich guten Gewissens mit dem befriedigenden Gefühl zurückziehen, alles geschafft zu haben, was Hans und ich uns vorgenommen hatten.

Übrigens lernte ich Hans Barlach in diesen Jahren als jemanden kennen, der überhaupt nicht dem Bild entsprach, das in der Öffentlichkeit von ihm existierte. Ich habe wirklich tolle Gespräche mit ihm geführt, habe ihn als einen nachdenklichen, unternehmungsfreudigen und risikobereiten Unternehmer schätzen gelernt – und als extrem loyalen Businesspartner. Obwohl er an manchen meiner Entscheidungen Zweifel hegte und selbst anders gehandelt hätte, trug er sie stets mit und vertrat sie auch konsequent nach außen. Das war ein Charakterzug, den ich sehr hoch achte. Als ich ausstieg, war er eigentlich auch bereit zu verkaufen, allerdings sah er noch Möglichkeiten, die Braut hübsch zu machen, damit sie einen noch besseren Preis erzielt. Diesbezüglich war er eben mehr kaufmännischer Unternehmer als Medienunternehmer. Er stoppte in den folgenden beiden Jahren die Reinvestitionen und schönte so die Zahlen. Auch wenn ich ihm durch den Verkauf meiner Anteile die Chance dazu gab, hätte ich das nicht mittragen wollen. Dazu war und bin ich zu sehr Medienmann.

DIE WELT IST, WAS WIR DARAUS MACHEN

„Nichts ist stärker als eine Idee, deren Zeit gekommen ist", konstatierte der Schriftsteller Victor Hugo. Egal ob es sich um Sterbehäuser, Wasserspender oder Panzer aus Brot handelt. Wichtig ist nur, dass man sich der Idee annimmt und hilft, sie umzusetzen.

Wie heißt es so schön: Reichtum verpflichtet. Nachdem ich mich mit dreißig Jahren der Verantwortung gestellt hatte, die sich aus dem Familienerbe ergab, war selbstverständlich, dass ich das Geld nicht nur für mich und mein berufliches Vorankommen einsetzen würde, sondern auch für das Gemeinwohl. Ich kann nicht besser essen, besser reisen oder besser leben. Mir geht es gut, ich bin zufrieden. Was also kann das Ziel sein? Meiner Meinung nach kann es nur darum gehen, etwas Sinnstiftendes mit dem Geld anzufangen. Was macht glücklicher, als sich für Gesellschaft und Umwelt zu engagieren? Und wenn es darum geht, einen Ort für sein Engagement zu finden, was liegt da näher als die eigene Heimat? In Hamburg liegen meine Wurzeln; fast mein gesamtes Leben lebe ich in dieser Stadt. Ich mag auch dieses hanseatische Geschäftsgebaren, wo ein Handschlag noch etwas bedeutet. Hier engagiere ich mich am liebsten, meist für soziale oder kulturelle Belange. Generell suche ich mir Projekte, die etwas mit mir zu tun haben. Beispielsweise hat mein Engagement für den Hamburger Wohnungsbau für Flüchtlinge etwas mit der Geschichte meines Vaters zu tun. Er kam als Flüchtling aus Schlesien nach Hamburg, mit nichts in den Taschen. Stück für Stück erarbeitete er sich seinen Erfolg. Darum ist mein Engagement an dieser Stelle eine Herzensangelegenheit. Und so geht es mir mit allen Projekten, die ich unterstütze. Natürlich werde ich oft gefragt, ob ich mich nicht für die Kinderkrebshilfe oder Ähnliches engagieren wolle, allerdings glaube ich, dass man nur die Elbchaussee bis Blankenese hochlaufen muss, um genug Menschen zu finden, die ein Herz für Kinder haben und sich gerne einsetzen würden. Ich kümmere mich lieber um die unbequemeren, kantigen Themen, um die sich sonst nur sehr wenige Leute kümmern. An diesen Stellen muss sich jemand engagieren, der vorangeht, damit andere hellhörig werden und sich auch einsetzen. So war es auch beim Popkurs. Wer sonst in dieser Stadt wäre prädestinierter dafür gewesen, einen Ausbildungsgang für Berufsmusiker zu retten? Wenn ich es nicht gemacht hätte, hätte es niemand gemacht und der Popkurs wäre heute Geschichte. Ein Jahr lang finanzierte ich ihn damals, dann gründete ich mit anderen Rettern eine Stiftung. Zusammen mit Peter Maffay besuchte ich dafür unseren damaligen Bürgermeister Ole von Beust. Er machte uns folgendes Angebot: Die Summe, die Peter und ich für den Erhalt des Popkurses auftreiben konnten, würde die Stadt noch einmal obendrauf legen. Das sollte dann der Grundstock einer Stiftung sein, die den Popkurs finanzierte. Genau so wurde es gemacht und dank dieser Initiative gibt es den Popkurs bis heute.

Bei meinem Engagement für Hamburg Leuchtfeuer war es ähnlich. Ich legte den Grundstein für eine Stiftung und mit der Zeit kamen immer mehr Zustifter hinzu. Damit wurde mein Name immer weniger entscheidend. In dieser Hinsicht bin ich sehr uneitel – keine Stiftung muss meinen Namen tragen, es geht mir einzig und allein um die Sache. Heute weiß kaum noch jemand, dass Hamburg Leuchtfeuer als Aidshilfeprojekt startete. Spätestens als Freddy Mercury im November 1991 starb, war das Thema Aids auch in Deutschland in aller Munde. Es wurden immense

Aufklärungskampagnen gefahren, in deren Folge Slogans wie „Gib AIDS keine Chance!" an Litfaßsäulen plakatiert wurden und legendäre Werbespots mit markigen Sprüchen und bekannten Persönlichkeiten entstanden. Wer erinnert sich nicht noch an Hella von Sinnen, die durch den Supermarkt brüllte: „Tina, was kosten die Kondome?" Heutzutage ist ein bisschen in Vergessenheit geraten, dass auch die Verbreitung des HI-Virus eine Pandemie war. Damals war die gefährdetste Zielgruppe des Virus im Gegensatz zu SARS-CoV-2 jung, sehr jung. Es traf vor allem die Generation, die gerade in Bezug auf Liebe und Sexualität sehr frei und experimentierfreudig lebte – meine Generation! Die jungen Leute probierten sich aus, nahmen das Leben etwas leichter als die Generationen vor ihnen, lebten mehr im Moment. Und plötzlich kam das Virus, eine Bedrohung für die Sexualität, die freie Liebe und das Leben. Das erschütterte mich immens. Und genau deshalb war ich sofort dabei, als es um die Initiative Hamburg Leuchtfeuer und die Errichtung eines Hospizes für HIV-Infizierte und Aidskranke ging. Diese Initiative war im wahrsten Sinne ein Leuchtfeuer, denn es entstand hernach eine regelrechte Hospizbewegung in ganz Deutschland. Ich weiß nicht, wie viele Sterbehäuser allein in Hamburg unserem Beispiel nachfolgten. Inzwischen ist die Immunschwächekrankheit wesentlich besser erforscht. Die Medizin hat Möglichkeiten gefunden, Aids medikamentös zu behandeln und die Symptome infolge einer Virusinfektion in Schach zu halten. Diese Krankheit ist zwar für die Betroffenen trotz allem enorm belastend, aber zumindest sind sie nicht mehr zwangsläufig dem Tode geweiht. Aus diesem Grund ist unser Hospiz mittlerweile zu 98 Prozent von Patienten mit unheilbarem Krebs und anderen tödlichen Krankheiten belegt; der Schwerpunkt hat sich mit der Zeit also verlagert. Die zentrale Idee des Hospizes ist aber nach wie vor dieselbe: Todkranke Menschen soll hier ihren letzten Lebensabschnitt möglichst würdevoll verbringen können. Zum Beispiel dürfen die Bewohner sich noch einmal ihr Lieblingsessen wünschen. So etwas wäre im Krankenhaus einfach nicht möglich und genau da setzen Hospize an. Sie schaffen für Sterbende und deren Angehörige eine angenehmere, privatere Atmosphäre und können dabei trotzdem die medizinische Betreuung gewährleisten. Ich möchte das Leben auch auf den letzten Metern noch lebenswert gestaltet wissen.

Mittlerweile hat sich Hamburg Leuchtfeuer zu einem vielschichtigen Unternehmen entwickelt. Seit 2007 existiert beispielsweise das Lotsenhaus für Bestattung und Trauerbegleitung und Anfang 2020 wurde unser inklusives Wohnprojekt Festland ins Leben gerufen. Dort wird jungen Leuten die Möglichkeit geboten, günstig zu wohnen, wenn sie sich im Gegenzug bereit erklären, den Bewohnern mit Handicaps unter die Arme zu greifen. Es ist schön zu sehen, wie sich das Engagement an dieser Stelle immer weiter verzweigt; das ist wirklich toll. Das Unternehmen ist heute in erheblich geringerem Maße auf Kuratoriumsarbeit angewiesen als noch vor ein paar Jahren. Damals war es noch wichtig, Personen des öffentlichen Lebens für das Projekt zu gewinnen. Inzwischen hat Leuchtfeuer aber einen so starken eigenen Ruf, dass es nicht mehr darauf ankommt, wer genau dahintersteht. Viele Menschen bedenken die Stiftung in ihren Testamenten. Auf diese Weise stehen immer mehr Mittel zur Verfügung und das Unternehmen kann sich weiterentwickeln und wachsen. Das ist erfreulich, weil wir immer mehr Sinnvolles bewirken und umsetzen können. Wir nennen es Unternehmen Menschlichkeit und genau das ist unser Anspruch. Uns geht es mit unserer Arbeit nicht um das Sterben, sondern um das Leben. Für solche Engagements wurde mir 2013 sogar das Bundesverdienstkreuz verliehen.

Natürlich engagierte ich mich auch weiterhin politisch. Mit der Zeit verband ich meine kreativ-künstlerische Ader mehr und mehr mit meinem Einsatz für politische Anliegen. Holger Güssefeld, mein Freund und Mitstreiter, ließ sich zusammen mit mir über Jahre verschiedenste Aktionen einfallen, sogenannte „künstlerische Happenings im öffentlichen Raum". Um gegen den drohenden Irakkrieg ein Zeichen zu setzen, warfen wir zum Beispiel in alle Briefkästen der Hamburger Grindelhochhäuser Zettel mit der Bitte, an einem bestimmten Tag um 20 Uhr für mehrere Minuten das Licht in den Wohnungen an- und auszuschalten. Das Motto: Blinken für den Frieden. Zu der Jahreszeit damals war es um 20 Uhr bereits dunkel. Die Aktion ließen wir dann von einem Hubschrauber aus filmen, was natürlich spektakulär aussah. Das war unsere Form des bürgerlichen

Widerstands, eine Protestaktion gegen den Krieg und für den Frieden. Solche Aktionen wurden typisch für Holger und mich. Herumspinnen, komische Ideen entwickeln, Aktionen umsetzen – das war unser beider Ding. Wir initiierten „kreative Zellen", ein Projekt, bei dem Gefängnisinsassen eigene Produkte entwarfen und herstellten. Mit Genehmigung der Gefängnisleitungen setzten wir uns mit den Gefangenen auseinander, sprachen mit ihnen und entwickelten auf Basis ihrer Erfahrungen und Geschichten Ideen für Produkte, die wir dann von ihnen anfertigen ließen. Dabei kam eine ganze Palette an humorvollen Gegenständen heraus. Das war toll. Die besten Späße ließ man uns zwar nicht durchgehen, weil die Justizvollzugsanstalten unseren Humor nicht immer teilten, trotzdem entstand ein komplettes Sortiment unter dem Markennamen Santa Fu, benannt nach dem Spitznamen der Hamburger Justizvollzugsanstalt. Die Produkte wurden über einen Onlineshop vertrieben und sogar für eine gewisse Zeit am Hamburger Flughafen verkauft. Wirtschaftlich war das ein schwieriges Projekt, obwohl sich die Behörde wirklich einsetzte und bemühte. Der Aufwand, überhaupt in die Gefängnisse hineinzukommen, war für uns jedes Mal aufs Neue extrem hoch. Die Häftlinge berichteten uns aus ihrem Alltag, aus ihrem Vollzugsleben und eben auch manchmal von Missständen innerhalb ihrer Haftanstalt. Das war den Vorgesetzten vermutlich ein Dorn im Auge. Im Endeffekt führte es dazu, dass wir das Projekt nicht allzu lange verfolgten. Dennoch bekamen wir damals sogar eine Auszeichnung von der

Initiative „Deutschland – Land der Ideen" – und die Marke Santa Fu gibt es bis heute!

Anlässlich der Konferenz der Vereinten Nationen zum Thema nachhaltige Entwicklung, kurz Rio+20, ließen Holger und ich 2012 einen Brotpanzer durch Rio de Janeiro fahren, mit der Aufschrift „Redirect Military Spendings". Wir wollten damit eine neue Abrüstungsdebatte anstoßen. Warum konnte nicht ein Teil des Militärhaushaltes in Kriegsursachenbekämpfungen umgeleitet werden? Schon zehn Prozent der weltweiten Militärausgaben könnten den Hunger der Welt beseitigen, der bis heute eine zentrale Kriegsursache darstellt. So kamen wir auch auf die Idee mit dem Panzer aus Brot. Wir fuhren mit unserem Panzer in die Favelas, nahmen an einer Demonstration teil und parkten ihn am Ende genau vor dem Tagungszentrum, in dem sich die Konferenzteilnehmer trafen. Jeder, der an dieser Tagung teilnahm, musste zwangsläufig an unserem Brotpanzer vorbei, um ins Gebäude zu gelangen. Mit dieser Aktion erlangten wir weltweit Aufmerksamkeit in der Presse. Diese Idee entwickelten wir später noch weiter. Wir ließen Geldnoten drucken, Eine-Million-Euro-Scheine, die auf der einen Seite eine Abbildung von etwas Friedlichem, Schönem zeigten, auf der anderen Seite Gewalt, Krieg und Zerstörung. Insgesamt ließen wir so viele Scheine drucken, dass wir auf 27 Milliarden Euro kamen – genau die Summe, die den europäischen Militärexporten eines Jahres entsprach. Anlässlich einer Friedenskonferenz in Basel führten wir damit erstmals eine Geldzählaktion durch. Auf einer Tafel waren die Nachhaltigkeitsziele der Vereinten Nationen aufgelistet. Die Menschen konnten nun das Geld zählen und sich dann überlegen, wie viel Geld sie für welchen Zweck verwenden wollten und was genau damit finanziert werden sollte. Ein Kreativprojekt, bei dem die Leute aktiv werden sollten und aufgefordert waren, sich selbst einzubringen. Diese Aktion war sehr anschaulich, weshalb wir sie noch einmal zu Beginn der UN-Abrüstungswoche in New York wiederholten. Hier sollten die weltweit geplanten Atomrüstungsausgaben der nächsten zehn Jahre per Hand durchgezählt werden. Damals rechneten wir aus, wie viele Leute wie lang zählen müssten, um die komplette Summe von einer Billion Dollar zu erfassen. Hunderte Aktivisten zählten eine Woche lang – sieben Tage und sieben Nächte. Dabei war jeder einzelne Schein eine Million Dollar wert! Es sind unglaubliche Mengen an Geld, die vom Militär ausgegeben werden. Die Idee, einen kleinen Prozentsatz dieser Geldmengen umzuleiten, war und ist keineswegs eine naiv-idealistische Schnapsidee. Es ist ein Weg, auf den man sich verständigen könnte, wenn man nur wollte – davon bin ich absolut überzeugt. Man muss das immer wieder thematisieren und visualisieren, um die Leute zu erreichen, um die Idee in ihren Köpfen zu verfestigen, dann kann es funktionieren. Ich erinnere mich noch genau an die Rede der Schimpansenforscherin Jane Goodall auf der Feier zum zwanzigjährigen Jubiläum der Leonardo di Caprio Foundation, in der sie plötzlich über „redirecting military spendings“ sprach. Ich war ganz verblüfft. Das waren doch unsere Worte. Wo hatte sie das her? Zurück in Deutschland brachte Holger schließlich Licht ins Dunkel: Eine Woche vor dem Jubiläum war Goodall bei ihm in der Stiftung gewesen und sie hatten sich intensiv ausgetauscht. Mir zeigte das nur, dass Ideen kreisen und fliegen müssen, um bei den Menschen anzukommen. Nur so ist es möglich, dass eine kleine Anfangsidee zu einer großen Veränderung führen kann.

So war es auch mit Viva con Agua. Das Projekt startete mit einer kleinen, lokalen Idee, bevor es wenig später um die Welt ging. Corny Littmann war damals Präsident des FC St. Pauli und begleitete seine Fußballmannschaft ins Trainingslager nach Kuba. Dort fielen dem Mittelfeldspieler Benjamin Adrion die offensichtlichen Missstände auf, er sah, dass es der Bevölkerung an Elementarstem mangelte, unter anderem an sauberem Wasser. Spontan hatte er die Idee, Wasserspender für kubanische Schulen zu organisieren. So begann eine unglaubliche Erfolgsgeschichte. Es dauerte, glaube ich, keine drei Monate, bis das nötige Geld aufgetrieben war und die Wasserspender nach Kuba geliefert werden konnten. Damit hätte die Geschichte bereits zu Ende sein können, doch Adrion steckte sich höhere Ziele. Er wollte, dass alle Menschen auf der Welt Zugang zu sauberem Trinkwasser, Hygieneeinrichtungen und sanitärer Grundversorgung erhielten. An diesem Punkt kam ich ins Spiel. Benjamin sprach mich an, ob ich den gegründeten Verein, der mehr Personal benötigte, unterstützen könne. So wurde das ganze Projekt immer größer, immer bunter und immer vielfältiger, ein unglaublich kreatives und positives

Team fand sich dort zusammen. Viva con Agua bestand nicht mehr nur aus einem Verein, sondern zusätzlich aus einer Stiftung, wobei beide zusammen die Wasser GmbH bildeten. Hinzu kamen private Geldgeber, darunter der FC St. Pauli und ich. Wir entscheiden über unseren Anteil des Gewinns und reinvestieren in neue Social Businesses, wie zum Beispiel die Goldeimer gGmbH, die sich weltweit für eine sanitäre Grundversorgung einsetzt und beispielsweise mobile Komposttoiletten für Festivals betreibt.

Inzwischen steht bei Viva con Agua der nächste große Schritt bevor, und ich hoffe sehr, dass er gelingt. Wir investieren in ein von den Vereinten Nationen als nachhaltig zertifiziertes Unternehmen in Uganda, das Wasserfilter herstellt und so den Menschen zu sauberem Trinkwasser verhilft. Das ist ein selbstständig funktionierendes Unternehmen, das langfristig auch über Uganda hinaus expandieren möchte. Kenia steht, glaube ich, ganz oben auf der Liste. Dazu benötigt es aber eine entsprechende Wachstumsfinanzierung und da kommen wir ins Spiel. Als gemeinnützige Firma reinvestiert Viva con Agua den eigenen Erlös in genau solche Sozialprojekte. Die Deutsche Welthungerhilfe ist auch beteiligt, insofern sind wir nicht die alleinigen Unterstützer dieses neuen Projekts. Zu sehen, wie so ein Auslandsinvestment funktioniert, ist für mich eine völlig neue Erfahrung, da meine eigenen Unternehmen doch eher heimatbezogen sind. Auch unter diesem Aspekt ist das für mich sehr spannend. Außerdem ist es ein schönes Gefühl, sagen zu können: „Wir unterstützen in Afrika ein eigenes Projekt." Ich empfinde es als ungemein sinnstiftend zu sehen, was man auf der Welt bewegen kann. Der Blick über den eigenen Tellerrand hinaus, in andere Länder und auf die Menschen dort, auf die Umwelt, auf unseren Planeten, ist so wichtig. Für mich zeigt Viva con Agua beispielhaft, dass Social Business tatsächlich funktionieren kann. Das Unternehmen hat seit seiner Gründung eine unglaubliche Entwicklung durchgemacht. Und das getragen von einer extrem positiven Grundstimmung. Die Grimmigkeit, die die Anti-AKW-Bewegung hatte, gibt es dort nicht. Es gibt nicht einmal mehr die Vorsilbe „Anti-". Inzwischen setzt man sich *für* etwas ein und nicht gegen. Das hat mir von Anfang an gefallen, und das ist es auch, was mich bis heute an dem Projekt begeistert.

Der Glaube daran, etwas verändern zu können, brachte mich auch auf die Idee der Deutschen Meeresstiftung. Ein weiteres großes Herzensprojekt, bei dem es darum geht, die Menschen für die essenzielle Bedeutung des Meeres für unsere Spezies zu sensibilisieren. Alles Leben kommt aus dem Meer. Wir sind abhängig vom Meer. Meine Wahrnehmung war lange Zeit geprägt von den ersten Bildern, die aus dem Weltall von der Erde gemacht wurden, von den Berichten der Astronauten, die auf faszinierende Art darüber sprachen, wie ehrfürchtig sie von oben auf unseren Planeten geblickt hatten. Unsere Erde, der blaue Planet: siebzig Prozent Wasser, dreißig Prozent Landmasse. Das war mein Bild vom Meer – bis ich anfing, tauchen zu lernen. Wenn man sich unter Wasser bewegt, verändert sich diese Sicht völlig, weil man begreift, dass das Meer ein gewaltiger dreidimensionaler Raum ist. Wenn man sich das vergegenwärtigt, ist das Verhältnis von Wasser zu Land eigentlich noch viel unausgewogener. 93 Prozent des Lebensraums auf der Erde sind dann Wasser und nur 7 Prozent Land. Und das bedeutet: Wir wissen bisher kaum etwas über den – wenig erforschten – Großteil unseres Planeten und nehmen ihn im Alltag überhaupt nicht wahr. Schlimmer noch: Wir nutzten ihn über lange, lange Zeit bedenkenlos als Müllkippe. James Cameron erkundete 2012 mit einer Tauchglocke den Meeresgrund in über 10 000 Meter Tiefe und entdeckte eine sagenhafte Vielfalt an Lebewesen. Überall war Leben – und überall war Plastik. Dabei sind es die Ozeane, die uns momentan vor der Überhitzung schützen. Sie nehmen Unmengen an Wärmeenergie auf, die wir durch unsere Treibhausgas-Emissionen verursachen. Noch schaffen sie das, aber unser Umgang mit den Meeren ist alles andere als nachhaltig. Das ist nicht nur höchst fragwürdig, das ist in höchstem Maße verantwortungslos. Wir müssen den Ozeanen viel mehr Aufmerksamkeit schenken, als wir es bisher getan haben. Sie sind der Ursprung des Lebens, und wir schaden sowohl ihnen als auch uns selbst, wenn wir die besorgniserregenden Symptome ignorieren. Um den Menschen diese Tatsache bewusst zu machen, gibt es die Deutsche Meeresstiftung. Jedes Jahr sind wir mit einem Stand präsent auf der boot in Düsseldorf, der weltgrößten Wassersportmesse der Welt. Gemeinsam mit anderen Organisationen, die sich ebenfalls für unsere Meere einsetzen, informieren wir über unsere Themen und suchen den Dialog. Anfangs waren wir noch Exoten auf der Messe, aber inzwischen kommen viele Leute zu uns an den Stand und tauschen sich mit uns aus. Es gibt mittlerweile sogar Nachhaltigkeitsbeauftragte bei den großen Bootsfirmen, eine sinnvolle Neuerung. Die Menschen achten zunehmend darauf, die Natur zu erhalten, die sie mit ihren Booten bereisen. Sie möchten sie nicht zerstören. Man kann also in vielen Bereichen einen Bewusstseinswandel beobachten.

Bei der Deutschen Meeresstiftung, die ich mit aus der Taufe hob, und der Hamburger Klimawoche, bei der ich Vereinsvorsitzender bin, greifen viele Themen ineinander, für die ich mich starkmache. Das Bestreben der Klimawoche ist es, Menschen aus Wissenschaft, Wirtschaft und Gesellschaft eine Bühne zu geben, auf diese Weise Aufklärung zu betreiben und vom umfangreichen Wissen über den globalen Klimawandel und seine Bedrohungen endlich zu konkretem Handeln zu kommen. Bei uns kann zum Beispiel Peter Altmaier seinen Klimaplan vorstellen. Gerne holen wir dann zum Ausgleich einen zweiten Redner hinzu, der dieses Vorhaben kritisch hinterfragt. Grundsätzlich kann sich jeder an dem Diskurs beteiligen, wenn er denkt, etwas zum Thema beitragen zu können. Wir versuchen, ein breites Bündnis herzustellen. Damit ist die Hamburger Klimawoche das vielleicht ausgewogenste Forum in Sachen Klimaschutz im Gegensatz zur Fridays-for-Future-Bewegung. Die Klimawoche setzt auf dialogorientierte Interaktivität. Fridays for Future setzt auf Demonstrationen mit Abschlusskundgebungen. Sie haben eine eindeutige

Botschaft, die sie in die Welt tragen wollen. „Die Erde, das Wasser, das Land und die Luft sind kein Erbe, sondern eine Leihgabe unserer Kinder“, sagte bereits Mahatma Gandhi. Deshalb ist es so authentisch, wenn die jungen Leute auf die Straße gehen. Sie erheben den Anspruch, dass die Welt, in der sie leben und aufwachsen, nicht weiter kaputtgemacht wird. Wir verfolgen also das gleiche Ziel, aber mit unterschiedlichen Mitteln, insofern passt beides für mich zusammen.

2019 wurde ich in meiner Funktion als Vorsitzender der Klimawoche von Fridays for Future als Redner auf einer Hamburger Kundgebung angefragt. Natürlich sagte ich zu. Als ich nach meiner Rede von der Bühne kam, sah ich nicht nur Greta, das Gesicht der Bewegung, hoch konzentriert und ernst, wie man sie kennt. Ich sah dort auch ein weiteres junges Mädchen, das mir sehr bekannt vorkam. Woher ich sie kannte, wollte mir nicht einfallen, und ich konnte sie ja schlecht mit den Worten ansprechen: „Wir kennen uns doch irgendwoher!“ Das wäre nicht nur abgedroschen, sondern vor allem ziemlich peinlich gewesen. Also sagte ich nichts und blieb im Ungewissen, bis ich eines Tages meine Fotos auf dem Handy durchsah und auf die Bilder aus Basel stieß. Da war sie. Luisa Neubauer, das Mädchen, das bei unserer Aktion damals die Millionenscheine mitgezählt hatte. Bei einer späteren Fridays-for-Future-Demonstration sprach ich Luisa dann an und erzählte ihr von meiner Entdeckung, dass wir uns schon von der Friedensdemonstration in Basel kannten. Wieder einmal sah ich mich einmal mehr bestätigt, dass die junge Generation durchaus nicht so unpolitisch ist, wie manche sagen. Alle gucken auf die Welt, die sie vorfinden. Und alle haben an dieser Welt etwas auszusetzen. Auf welchen Wegen und mit welchen Methoden man sich dagegen wehrt, ob man nur sein eigenes Ding macht oder organisiert gegen etwas vorgeht, mag unterschiedlich sein. Aber unpolitisch ist im Grunde niemand. Wenn ich mir heute die Fridays-for-Future-Bewegung anschaue, bin ich beeindruckt davon, wie durch eine kleine Initiative quasi aus dem Nichts eine Massenbewegung entstehen konnte. Das ist doch ein Beleg dafür, dass der Grundgedanke „Es reicht!" überall schon da war. Es brauchte nur eine wirksame Methode, um diesen Gedanken zu artikulieren. Und die war ein einfacher Regelbruch, nämlich die Schule zu schwänzen, der die nötige Aufmerksamkeit erzeugte. Wenn die jungen Leute einfach nur auf die Straße gegangen wären, ohne Regelbruch, dann hätte es die Berichterstattung nicht in der Art und Weise gegeben und dann wäre sicher keine Massenbewegung daraus geworden. Aber mit dem Regelbruch und der daraus resultierenden öffentlichen Aufmerksamkeit ging eine Welle einher, die nicht mehr zu stoppen war – jedenfalls bis Corona auf den Plan trat.

Diese Welle stimmt mich optimistisch. Nicht nur deshalb werde ich mich Zeit meines Lebens engagieren. Ich kann gar nicht anders. Wenn mich ein Thema betrifft und berührt, wenn ich eine Dringlichkeit verspüre, dann werde ich aktiv. Mögliche Projekte werden von mir geprüft. Wo liegt das Problem? Welche finanziellen Möglichkeiten habe ich gerade?

Wie kann ich helfen? Da bin ich wie ein Trüffelschwein und schnell Feuer und Flamme. Ist der Funke erst einmal übergesprungen, bin ich nicht mehr zu stoppen. Mein Engagement hat zwangsläufig auch immer eine finanzielle Komponente, die sehr unterschiedlich aussehen kann. Manchmal ist es eine Art Grundsteinlegung, manchmal manifestiert sich mein Engagement in sogenannten Mittelzuwendungsverträgen. Das heißt, es werden Vereinbarungen darüber getroffen, dass bestimmte laufende Kosten abgedeckt werden sollen. So begann wie erwähnt meine Unterstützung von Viva con Agua und genauso unterstütze ich heute auch den World Future Council (Weltzukunftsrat). Dabei muss aber jedem klar sein: Wo ich Geld investiere, bin ich auch immer aktiv dabei. Ich möchte ein Vorbild für andere sein und dazu anregen, sich ebenfalls zu engagieren – jeder nach seinen eigenen Möglichkeiten. Ich bin mir auch nicht zu schade, aktiv bei Veranstaltungen für die Sache zu trommeln oder andere Unterstützer anzuwerben und mit ins Boot zu holen. Wer mich als Mitstreiter will, kriegt mich mit Haut und Haaren.

Mit der Gründung des Weltzukunftsrats fügte sich im Übrigen für mich etwas zusammen, das sich wie das fehlende Teil eines Puzzles anfühlte. In all den Jahren, in denen ich mit Holger Güssefeld kreativ herumgesponnen habe, in denen wir ständig neue kleine Aktionen auf die Beine stellten, wusste ich nie so recht, wo sein Platz ist. Wir waren beide Fantasten, die irgendwie ohne Basisstation umeinanderkreisten. Aber als ich über ein paar Ecken den Gründer des

World Future Council kennenlernte, Jakob von Uexküll, wurde mir plötzlich klar: „Jetzt kann Holger Teil von etwas Größerem werden und noch viel mehr bewirken." Uexküll war auf uns durch unsere Aktion mit den Grindelhochhäusern aufmerksam geworden. Und auch wenn die Anliegen der Antikriegsbewegung nicht im Zentrum meines Engagements standen, waren mir die Themen nicht fremd, also stieg ich mit ein – und nahm Holger gleich mit. Und das war für uns beide eine gute Entscheidung. So gab es endlich einen organisierten Zusammenhang, in dem seine Kreativität eine eindeutige Zielsetzung bekam.

DER NÄCHSTE TRIP

Ein psychedelischer Bilder- und Klangrausch,
der vollkommen ohne Drogen daherkommt.
Denn: „Die einzig revolutionäre Kraft ist die
Kraft der menschlichen Kreativität – die einzige
revolutionäre Kraft ist die Kunst." (Joseph Beuys)

Das anbrechende neue Jahrtausend führte mich ein Stück weit zurück zu meinen Wurzeln, nämlich zur Kunst. Gemeinsam mit Bernt Köhler-Adams rief ich ein gewaltiges Multimediaprojekt ins Leben, das uns mehrere Jahre lang begleitete und in dem ich mich endlich auch wieder künstlerisch betätigen durfte, als Schlagzeuger und als Maler. Bernt und ich kannten uns aus unserer Jugend. Damals spielten wir zusammen in unserer Band Goya und verbrachten viel Zeit miteinander, bis unser Sänger Selbstmord beging. Uns wurde urplötzlich der Boden unter den Füßen weggerissen und unsere Band fand ein jähes Ende. Erst Jahre später fingen Bernt und ich wieder an, Musik zu machen, allerdings unter sehr provisorischen Bedingungen.

Als sich die 1990er-Jahre langsam ihrem Ende neigten, nahm ich einen Termin wahr, den ich regelmäßig alle paar Jahre einplante, um in Sachen Meeresforschung über den aktuellen Stand informiert zu sein. Ich besuchte Frank Schweikert, einen Journalisten und Biologen, der mit seinem Forschungsschiff Aldebaran seit Jahren eine exzellente Möglichkeit für die Erforschung von Küstengewässern bot. Übrigens gründete ich wenig später mit genau diesem Frank Schweikert die Deutsche Meeresstiftung.

Er zeigte mir damals einige Filmaufnahmen, die er unter Wasser gemacht hatte. Während wir dort gemeinsam saßen und uns die Unterwasserbilder ansahen, hatten wir plötzlich die Idee, diese Aufnahmen künstlerisch zu verwenden. Es entstand vor unserem inneren Auge eine Art Musikfilm, eine Darstellung ohne Text, nur mit musikalischer Untermalung. Der erste Funke war entzündet.

Multimediakunst hatte es früher schon gegeben, zum Beispiel im legendären Hamburger Musikclub Gruenspan auf der Großen Freiheit. Mehrere Filme wurden dort gleichzeitig gezeigt und auf verschiedene Weise miteinander verzahnt, durch Sprache, Musik oder Geräusche – ein bisschen hippie, ein bisschen psychodelisch. Genau das wollte ich machen, mit den Mitteln und zu den Themen des neuen Jahrtausends. Mich interessierte, was den Leuten durch den Kopf ging, wenn sie ein solches Projekt machten. Welche Bilder, welche Botschaften entstanden, zwanzig oder dreißig Jahre nach den Anfängen der Multimediakunst? Diese Frage trieb mich an und es begann eine künstlerische Reise namens TRIP – Remix Your Experience.

Bernt war damals frisch verliebt in den Song *Liebesbrief* von Thomas D, und ich in Stefanie, also trommelte ich ihr einen Liebesbrief. Diese Tonspur meines Liebesbrieftrommelns wurde die Grundlage der Musik von TRIP. Ich spielte Gitarre über diese erste Tonspur, Bernt spielte Keyboard. Es entstand ein musikalisches Werk, das in den folgenden Wochen und Monaten wie ein Tagebuch weiterentwickelt wurde. Jeden Tag gingen wir erneut ins Studio, und je nachdem in welcher Stimmung wir gerade waren, fügten wir etwas Neues hinzu. Am Ende kam ein 78 Minuten langes Stück als Basis unserer Filmmusik dabei heraus. Dann kamen elf Livemusiker hinzu, fantastische Künstler, von denen jeder – einzeln und ohne Pause – diesen

78-Minuten-Track mit seinen Ideen und Sounds anreicherte. Sie sollten das spielen, was ihnen spontan in dem Moment in den Sinn kam. Die Regel war: Die erste Spur zählt, die jungfräuliche Spur jedes Musikers, der das erste Mal den Basistrack hört. Es war nicht absehbar, was passieren würde. Das ganze Projekt konnte glücken oder auch komplett in die Hose gehen – und genau das machte für uns den Reiz aus: das direkte, unmittelbare, authentische Gefühl. Das Ganze war von Anfang an als Session geplant, ohne wirkliches Konzept. Man sollte die Dinge passieren lassen und nicht steuernd eingreifen. Unser Mantra war ein buddhistischer Spruch, den wir einfach umdrehten: „Das Ziel ist im Weg." Immer wenn jemand ein Ziel formulierte, arbeiteten wir bewusst dagegen: „Falsche Denkweise! Da geht es nicht lang." Tatsächlich war bis zum Schluss nicht klar, ob bei dem Projekt etwas Präsentables rauskommen würde. Es hätte ebenso gut sein können, dass alles nur Fragment bleibt und gar nicht zusammengeführt werden kann. Doch wie der Mensch veranlagt ist, versucht er, immer alles in eine Ordnung zu bringen, allem eine Bedeutung zu geben. Jeder Mitwirkende hatte seine kleine Botschaft, die er auf ganz individuelle Weise rüberbrachte. Damit war TRIP wie eine Ausstellungsfläche, wo die Künstler ihre Werke präsentieren und sich ermutigt fühlen sollten, etwas zu machen, was sie noch nie gemacht hatten. Eine Art Plattform, die in sich schlüssig war und am Ende funktionierte. TRIP war eine künstlerische Reise, sowohl in der Entstehung als auch im Endprodukt.

Zum Zeitpunkt der Musikproduktion war uns die Tragweite des Projekts noch gar nicht klar. Dass die gesamte Herstellung vier Jahre dauern würde und wir am Ende damit nach Kuba, Frankreich, Moskau und Japan reisen würden, um es vor Publikum zu präsentieren, war überhaupt nicht abzusehen. Doch das Projekt wuchs immer weiter, ohne aus dem Ruder zu laufen. Das leicht gekürzte, 74 Minuten lange Musikstück, bestehend aus rund sechzig Tonspuren, diente im Anschluss als Drehbuch für insgesamt vier Filme, die entstanden. Ein Film zeigt einen Tauchgang, ein weiterer eine U-Bahn-Fahrt, ein anderer eine märchenhafte Malperformance und der letzte eine Reise durch die unterschiedlichsten Kulturen dieser Welt. Für den einen Film durfte ich sogar selbst wieder zum Pinsel greifen und als Maler agieren. Das kam mir sehr gelegen, denn so schuf ich mir ein wenig Pausen und Ablenkung vom parallel laufenden Verkauf der *MOPO*. Das ganze Projekt war schon sehr bemerkenswert und besonders.

2005 feierte das Gesamtkonzept Premiere. Die vier Filme liefen als Splitscreen auf der Leinwand, während live dazu Musik gespielt wurde. Für diese Erstaufführung hatten wir uns Hollywood ausgesucht. Wenn schon, denn schon. Der Standort litt bereits seit vielen Jahren darunter, dass immer mehr Filmproduktionen abwanderten und Dreharbeiten überall auf der Welt stattfanden, weil sie dort günstiger zu realisieren waren als in den USA. Natürlich gibt es immer noch die großen Hollywoodstudios, aber der Glanz ist verblasst, weil mit der zunehmenden Produktionsverlagerung ins Ausland ein spürbarer Bedeutungsverlust einherging. Deshalb waren die Amerikaner damals begeistert, dass ich für die Filmpremiere einer deutschen Produktion nach Hollywood kam – sozusagen in die Höhle des Löwen. Hierfür bekam ich sogar eine besondere Auszeichnung überreicht: Angel of Los Angeles!

Unsere Deutschlandpremiere feierten wir auf dem Hamburger Filmfest und gingen 2006 auf große Kinotour durch insgesamt fünfzehn deutsche Städte. Im Rahmen unserer Vorführungen waren wir auch auf dem Motorschiff Stubnitz zu Gast, einem Relikt der ehemaligen DDR-Hochseefischereiflotte, das heute in Hamburg als Veranstaltungs- und Kulturstätte fungiert. Wir waren sogar auf dem allerersten Reeperbahnfestival auf dem Spielbudenplatz vertreten – damals allerdings noch mit Dezibelbegrenzung. Das war eigentlich eine Unverschämtheit, denn jedes Motorrad, das vorbeifuhr, war lauter als wir und übertönte unsere Musik. Das Hamburger Festival stand damals ganz am Anfang; niemand wusste, was einmal daraus werden würde. Mittlerweile ist es weit über Hamburgs Stadtgrenze hinaus bekannt als ein in Europa einzigartiges Festival. Wieder einmal war ich bei der Geburtsstunde einer großen Sache dabei.

Als krönender Abschluss wurde TRIP 2007 als Kuppelprojektion ins Programm des Planetariums Hamburg aufgenommen, was für mich persönlich die schönste Art der Präsentation war. Natürlich hatten wir in den Kinos auch Surroundsound, aber im Planetarium war der noch einmal viel besser. Hier gab es die technischen Möglichkeiten, den Klang der Musik genau so zu berechnen, dass jeder Zuschauer, unabhängig von seinem Sitzplatz, den gleichen Surroundeffekt erlebte. Manche Zuschauer waren damit etwas überfordert; ich erinnere mich, dass das Erlebnis für einige verwirrend war. 2015 gingen wir mit einer Best-of-Version des Projekts noch einmal für drei Aufführungen ins Planetarium. Da fiel die Resonanz des Publikums ganz anders aus. Das Ganze hatte plötzlich Loungecharakter. Das Rezeptionsverhalten der Besucher hatte sich mit der Zeit durch Präsentationskanäle wie YouTube entschieden verändert, sodass sie es gar nicht mehr als verwirrend empfanden, so viele Eindrücke auf einmal wahrnehmen zu müssen. Im Gegenteil, es hatte sogar eine fast entspannende Wirkung auf sie. Möglicherweise war aber auch die Auswahl des Publikums eine andere, weil die Show schon bekannt war und die Leute sich viel bewusster auf das Erlebnis einlassen konnten. So oder so war TRIP ein Projekt, das polarisierte. Und meiner Meinung nach muss etwas Neues immer polarisieren, sonst wird es nicht wahrgenommen.

Das allerschönste Erlebnis im Zusammenhang mit TRIP hatte ich allerdings erst Monate nach Abschluss des Projekts. Damals gab es die Fliegenden Bauten noch in Hamburg, ein privates Theater, das vor allem für Kleinkunst und Konzerte eine Bühne bot. Eines Tages sah ich mir hier ein Konzert an, bei dem auch das Publikum in gewisser Weise interaktiv gefordert war. Ich kannte einen der Musiker und war interessiert zu sehen, was die dort auf die Bühne brachten. Wie es sich bei einem Konzert von Bekannten oder

Freunden gehört, wartete ich nach Ende natürlich, um ihm ein Feedback zu geben. Für gewöhnlich brauchen Musiker nach einem solchen Konzert ein paar Momente für sich, um runterzukommen, ähnlich wie Fußballprofis nach einem Spiel. Ich stellte mich also wartend an die Bar, bestellte mir einen Wein und kam dort mit einem Herrn ins Gespräch. Ein Theaterregisseur, wie sich nach kurzer Zeit herausstellte, der nicht aus Hamburg kam und für den ich ein völlig Fremder war. Zuerst sprachen wir über das Konzert, dann fing ich an, ihn über seine Theaterarbeit auszufragen. Er erzählte mir im Verlauf des Gesprächs von einem Film, den er gesehen und der seine Theaterarbeit vollständig verändert habe. An den Filmtitel erinnerte er sich nicht mehr, aber er beschrieb mir, was bei ihm hängen geblieben war – und das kam mir mehr als bekannt vor. „Hieß der Film, von dem du sprichst, vielleicht *TRIP – Remix Your Experience*?" Er sah mich völlig entgeistert an. „Ja, genau! Woher weißt du das?" Volltreffer! Ich stand vor einem Kreativen, der sich von genau dem Projekt, das von mir als Inspiration für Kreative gedacht war, hatte inspirieren lassen. Meine Idee hatte gefruchtet, das Projekt hatte tatsächlich Wirkung entfaltet. Dafür hatte ich es gemacht. Allerdings hätte ich nie damit gerechnet, es auf diese Art bestätigt zu bekommen. Das war mein glücklichster Moment auf dem gesamten TRIP.

Genau solche Erfahrungen bestätigen mich in meiner Meinung, dass nichts von dieser Welt verschwindet. Wir nehmen etwas auf, wir senden etwas aus. Das, was wir einmal jemandem mitgeteilt haben, ist in der Welt, es verschwindet nicht mehr. Es landet irgendwo und wird weiterentwickelt. Man selbst hat es nicht mehr in der Hand, doch man war der Auslöser. Jeder Mensch hinterlässt so eine Spur, davon bin ich überzeugt.

Durch TRIP stieß ich auf ein weiteres Thema, das eigentliche Gegenteil von dem, was wir bei TRIP gemacht hatten: die sogenannte Synästhesie, das Empfinden eines Reizes mit mehreren Sinnen gleichzeitig. Es gab das Experiment Braindrops, das die Synästhesie wunderbar veranschaulichte. Als Proband wurde man an eine Art EKG angeschlossen; Gemütsveränderungen aufgrund von bestimmten Reizen wurden durch ein psychophysisches Interface sichtbar und hörbar gemacht. Nun wurde ein Reiz gesetzt, und zwar ein stetiger Tropfen, den der Körper wahrnahm und auf den er reagierte. Diese Reaktion wurde auf eine Leinwand projiziert, wo der Proband sehen konnte, dass sein Körper reagierte, was wiederum zu einer Reaktion führte, einer Rückkopplung, und den Reiz verstärkte. Es war ein faszinierendes Experiment, das mich lange Zeit beschäftigte. Die erste Idee war, die Ergebnisse en miniature auf ein Ziffernblatt zu bringen, wie eine Armbanduhr, die Gemütszustände anzeigt. Diese Idee erledigte sich aber bald, weil wir feststellen mussten, dass niemand gern sein Inneres nach außen tragen wollte. Zudem wurde eine ähnliche Idee bereits mit den heute allseits beliebten Fitnessuhren umgesetzt. Und so feilten wir immer weiter an dem Konzept und landeten schließlich bei der akustisch-optischen

Synästhesie, eingebaut in einer Lampe. Diese Lampe zeigt normales weißes Licht, es sei denn, ein bestimmter akustischer Reiz wird transportiert und an der Oberfläche farblich sichtbar gemacht. Ein neuartiges Produkt, entstanden nach einer langen Entwicklungsphase, mit einem stark künstlerischen Ursprung. Das passt zu mir. Viele meiner unternehmerischen Ideen sind auf diese Weise entstanden. Gerade wenn es um Technik geht, sprechen mich eher die verrückten Dinge an, weil ich weiß, dass ich da viel Zeit habe, weil niemand anderes darüber nachdenkt. Im digitalen Bereich ist die Konkurrenz heute groß, da mischen Amerikaner, Chinesen und Russen mit. Überall auf der ganzen Welt denken Leute über Digitalprojekte nach, weshalb die Erfolgsaussichten in dem Bereich nicht besonders groß sind. Ich beschäftige mich lieber mit physikalischen Dingen, nicht zuletzt deshalb, weil ich sie besser verstehe. Ob es nun um einen Flächenmembranlautsprecher geht oder um eine Phasenverschiebung des Lichts – solche Sachen sind eben ein bisschen anders, dabei wird ein bisschen um die Ecke gedacht. So etwas mag ich. Solche Projekte sind vielleicht in wirtschaftlicher Hinsicht mit einem größeren Risiko behaftet, doch dafür handelt es sich dann um etwas wirklich Neues. Etwas, das es vorher noch nicht gab – und das ist schließlich der Ehrgeiz eines jeden Künstlers. Er will ein neuartiges Werk schaffen, und wenn es erst einmal in der Welt ist, bekommt es auch niemand mehr aus ihr heraus. Das ist mein Antrieb, diese künstlerische Herangehensweise motiviert mich.

Das klassische Preisdumping interessiert mich als Unternehmer nicht, obwohl das heutzutage zur normalen Geschäftsstrategie gehört. Jemand findet einen Weg, ein Produkt noch besser und noch günstiger herzustellen. Das ist nicht mein Weg, bei so etwas könnte ich meine Fähigkeiten überhaupt nicht einsetzen. Das überlasse ich lieber den Zahlenmenschen, die so etwas tatsächlich gelernt haben. Trotzdem sind meine unternehmerischen Tätigkeiten natürlich abhängig von ihrem wirtschaftlichen Erfolg. Manch einer mag sich jetzt fragen, ob das bei meinem finanziellen Hintergrund überhaupt eine Rolle spielt. Ich kann nur sagen: Ja, das tut es. Die meisten Ideen, verrückt oder nicht verrückt, entwickle ich nicht allein. Dahinter steht immer ein Team. Wenn etwas schiefgeht und das Geld plötzlich futsch ist, dann stehen genau diese Leute mit großen Augen vor mir und erwarten – nicht ganz zu Unrecht –, dass ich die finanziellen Folgen des Scheiterns trage und sie vor größeren Verlusten bewahre. Insofern habe ich mit fehlgeschlagenen Projekten noch Jahre zu tun und zahle an Leute, die als Investoren mitbetroffen waren. Das zeigt: Scheitern ist für mich natürlich unverhältnismäßig teuer, und daher ist mein Ehrgeiz, etwas Erfolgreiches auf die Beine zu stellen, umso größer. Wenn ich mit etwas Neuem beginne, bin ich davon auch vollkommen überzeugt: „Hier geht nichts schief, das wird was!“ Bislang konnte ich glücklicherweise noch jede Insolvenz abwenden.

Was aus unserer Lampe wird und ob sie wirtschaftlich erfolgreich wird, wird sich noch zeigen.

AUCH REIBUNG ERZEUGT WÄRME

Ein vorläufiges Resümee, das keinen Abschluss darstellt, sondern eine Zwischenbilanz. Und das durch das humanistische „Glaubensbekenntnis" von Philosoph Michael Schmidt-Salomon nicht besser eingerahmt werden könnte:
Ich glaube an den Menschen, den Schöpfer der Kunst und Entdecker unbekannter Welten.
Ich glaube an die Evolution des Wissens und des Mitgefühls, der Weisheit und des Humors.
Ich glaube an den Sieg der Wahrheit über die Lüge, der Erkenntnis über die Unwissenheit, der Phantasie über die Engstirnigkeit und des Mitleids über die Gewalt.
Ich verschließe nicht die Augen vor den Schrecken der Vergangenheit, dem Elend der Gegenwart, den Herausforderungen der Zukunft.
Aber ich glaube, dass wir bessere Wege finden werden, um das Leid zu vermindern, die Freude zu vermehren und das Leben zu bewahren.
Ich glaube an den Menschen, der die Hoffnung der Erde ist – nicht in alle Ewigkeit, doch für Jahrmillionen. (Amen)

Die vergangenen Monate waren in vielerlei Hinsicht außergewöhnlich – auf der einen Seite hielt uns alle eine Pandemie ungeahnten Ausmaßes in Atem, zusätzlich gab es in meinem Leben einige einschneidende Veränderungen. Wie jeder andere auch war ich durch den Ausbruch des Coronavirus plötzlich konfrontiert mit Social Distancing, Homeoffice und Ausgangssperren. In meinem Esszimmer richtete ich mir nach und nach ein mobiles Büro ein, das meine sonst sehr konsequente Trennung von Privat- und Arbeitsleben ein wenig durchkreuzte. Das ist etwas, das ich auf jeden Fall so bald wie möglich für mich wiederherstellen möchte. Zu Hause mag ich mich nicht mit beruflichen Dingen beschäftigen, da möchte ich Freizeit haben. Darüber hinaus konnte ich diesen ungewöhnlichen Zeiten aber durchaus auch Positives abgewinnen. Geschäftliche Treffen draußen im Garten abzuhalten, ist wesentlich angenehmer als im Büro. Daran würde ich gern festhalten. Auch meine ausgedehnten Fahrradtouren möchte ich gern beibehalten. Außerdem gab es während der Lockdown-Phasen sehr viele familiäre Momente, die ich ausgesprochen schön fand – mit Teenagern alles andere als eine Selbstverständlichkeit. Meine beiden jüngsten Kinder aus meiner letzten Ehe waren gerade 15 und 17, und meist stand ihnen der Sinn nach etwas anderem, als mit ihrem Vater Zeit zu verbringen. Doch der Lockdown schweißte uns zu Hause zusammen, eine wirklich schöne Erfahrung. Wenn ich meine Kinder um mich habe, sind das immer schöne Momente. Besonders glücklich macht mich die Tatsache, dass meine Kinder untereinander ein gutes geschwisterliches Verhältnis haben, obwohl sie ja teilweise mehr als ein Jahrzehnt trennt. Sie freuen sich, wenn sie unter meinem Dach zusammentreffen, verbringen gern Zeit miteinander und empfinden sich als eine Familie.

Meine Kinder waren es auch, die mich auffingen, als die Liebe zu Nathalie zerbrach. Durch sie war ich in dieser aufwühlenden Zeit nicht allein. Natürlich litt ich unter der Trennung. Fünf Jahre schmeißt niemand mal so eben weg.

Als Nathalie 2016 an der Dschungelcamp-Show „Ich bin ein Star – Holt mich hier raus!“ teilnahm, und unsere noch frische Beziehung publik wurde, stand ich vor der Frage: „Bekennst du dich nun zu ihr, oder nicht?“ Da ich es äußerst uncharmant fand zu sagen, dass unsere Beziehung noch nicht wirklich gefestigt war, bestätigte ich auf Anfrage, dass wir zusammen waren. Eine Liebeserklärung auf der Titelseite der *BILD*-Zeitung war sowohl für Nathalie als auch für mich eine neue Erfahrung. In diesem Ausmaß war es das erste Mal, dass eine private Beziehung von mir derart öffentlich diskutiert wurde. Meine Verbindung zu Sandra wurde zwar auch – zumindest in der lokalen Presse – öffentlich thematisiert, weil sie ein norddeutsches Fernsehgesicht war, dabei war das aber keine große Story für den sogenannten Boulevardjournalismus. Während meiner gemeinsamen Zeit mit Nathalie zeigte dieser seine hässliche Fratze. Wir waren von Beginn an starken Anfeindungen von außen ausgesetzt, was zu einem extremen Zusammenhalt zwischen uns beiden führte, doch zum Ende unserer Beziehung wurde die

Berichterstattung geradezu hysterisch. Es ist ja so, dass ich mich im Mediengeschäft ein bisschen auskenne und daher eigentlich auch vollkommen gelassen mit solchen Sachen umgehe. Früher stand die neueste Nachricht in der Zeitung. Wenn man Pech hatte, musste man einen Tag lang mit einer schlechten Schlagzeile leben, und dann war es auch irgendwann wieder gut. Die Digitalisierung der Medien machte es möglich und erzwang ja geradezu, dass nun aber ständig neue Schlagzeilen über uns hereinbrachen – nach vier Stunden, nach acht Stunden, nach elf Stunden. Das war wie eine riesige Welle, die einfach nicht brechen wollte. Und jeder haute irgendeine Meldung, irgendeinen Kommentar raus, ohne vernünftig recherchiert oder gegengecheckt zu haben. Bei mir vor dem Haus lungerten die Paparazzi herum, die herausfinden wollten, ob Nathalie zu Hause war. Denn eins war doch klar – ganz ohne Koketterie: Die Hauptattraktion und diejenige, die Auflage brachte, war Nathalie. Ich bringe keinem Fotografen Kohle. Bilder von mir verkaufen sich nicht sonderlich gut. So stand ich gefühlt für Wochen unter Beobachtung. Keine angenehme Erfahrung. Und auch meine Ex-Frauen wurden ziemlich nervös, weil sie befürchteten, unsere Kinder könnten mit in den Fokus dieser Schreiberlinge und somit der Medien geraten. Wir hielten deshalb sogar einen dreistündigen Familienrat ab, der mir im Endeffekt zeigte, wie intakt unsere Patchwork-Familie eigentlich ist. Neben meinen Ex-Frauen waren meine älteste Tochter, als Vertreterin der Kinder sozusagen, und die Nanny, die schon sehr lang für mich arbeitet und jedes meiner Kinder kennt, anwesend. Zunächst fürchtete ich ein Tribunal, doch es war alles andere als das. Innerhalb dieser Runde schilderte ich einfach aus meiner Sicht, wie die Dinge lagen, und keine der Damen streute Salz in meine noch offene Wunde. Gerade meine Tochter, die unzweifelhaft ihrer eloquenten Mutter nacheifert und sich sehr gut ausdrücken kann, spricht auch manchmal Dinge an, die ich vielleicht nicht so gern höre. Aber genau das macht ja ein inniges, vertrautes Verhältnis aus. Ich werde durchaus kritisch begleitet, aber eben auch aufgefangen. Auch Reibung erzeugt Wärme. Alle Frauen waren jedenfalls sehr empathisch und fair zu mir, stärkten mir den Rücken, auch weil sie spürten, dass ich noch mitten in der Aufarbeitung der gescheiterten Beziehung steckte. Das war unglaublich berührend und insofern eine sehr schöne, familiäre Situation. Ein unerwartetes, positives Erlebnis für mich in einer schwierigen Zeit.

Natürlich war ich gezwungen, mir Gedanken darüber zu machen, wie ich mich in meinem Leben neu ausrichten wollte. Während dieser Überlegungen fiel mir auf, dass ich noch nie Single gewesen war. Julia, Eva, Astrid, Sandra, Stefanie, Nathalie – immer ging eine Beziehung in die nächste über. Als bindungsängstlich kann man mich wirklich nicht beschreiben. Stattdessen bin ich ein lebensbejahender und optimistischer Mensch, für den Probleme nur dazu da sind, um sie zu lösen. Und dann plötzlich Single – ein ganz neues Lebensgefühl. Das ja aber nicht zwingend schlecht sein muss. Vielleicht ist das sogar ein Modell fürs Alter, wer weiß das schon. Tagtäglich mache ich extrem unterschiedliche

Sachen, ständig passiert etwas Neues. Das ist auf der einen Seite spannend und cool, aber sicher für potentielle Partner auch nicht ganz einfach auszuhalten. Die Zukunft wird zeigen, was ich daraus machen werde.

Mit der Trennung von Nathalie ging ein weiterer entscheidender Einschnitt in diesem Lebensabschnitt einher: Meine beiden jüngsten Kinder entschieden sich, gemeinsam im Ausland auf ein Internat zu gehen. Trotz meiner schlechten Erfahrungen, mit denen ich gegenüber meinen Kindern natürlich nicht hinter dem Berg gehalten habe, waren sie alle auf eigenen Wunsch auf Internaten. Sie wollten freiwillig dorthin und waren, als sie dort hinkamen, allesamt älter als ich es damals war. Ich konnte es, ehrlich gesagt, sogar verstehen, denn Internate sind heutzutage nicht mehr vergleichbar mit denen, die ich kennengelernt habe. Das Internat, das sich meine jüngsten Kinder jetzt ausgesucht haben, ist unglaublich. Nur um mal ein paar Beispiele zu nennen: Dort gibt es für die Theater AG eine Bühne, die voll ausgestattet ist und mehr bietet als so manches Privattheater, mit einem Rang und einem großen Backstagebereich mit Maske und allem Drum und Dran. Der Musikbereich bietet nicht nur alle Instrumente, die man sich vorstellen kann, sondern gleich ein ganzes Aufnahmestudio – was mein Musikerherz natürlich besonders hochschlagen lässt. Der Sportbereich steht dem in nichts nach, es gibt sogar eine Kletterwand und eine Ruderanlage. Allein die Auswahl an vierzig unterschiedlichen Kunstkursen wären für mich das Paradies gewesen. Da bleiben wirklich keine Wünsche offen.

Innerhalb kürzester Zeit war ich in meinem riesigen Haus – gefühlt – also plötzlich allein. Natürlich habe ich helfende Hände um mich und Sicherheitspersonal. Auch wohnen wie gesagt Freunde mit bei mir im Haus, und doch kam es mir vor, als lebten nur noch meine samtpfötige Maine-Coon-Katze und meine stoischen Fische im Aquarium bei mir. So etwas nennt man wohl Zäsur.

Auch geschäftlich ist es langsam an der Zeit, meine Projekte so sicher aufzustellen, dass sie auch ohne mich gut funktionieren. Immer öfter kommen Wegbegleiter auf mich zu, Menschen, die mich beruflich eine ganze Zeit begleitet haben, die ankündigen, dass sie in absehbarer Zeit kürzertreten wollen. Da stellt sich also die Frage der Nachfolge, über die ich mir langsam Gedanken machen muss. Vielleicht lassen sich bei bestimmten Projekten, die inhaltlich nah beieinander liegen, Synergien nutzen. An diesen Stellen müsste ich mir eine geeignete Form überlegen und auch das richtige Personal ausfindig machen, das in verantwortlicher Position übernehmen kann. Die Produktionsgesellschaft beispielsweise, die wir einst für TRIP gründeten, bauten wir sukzessive zum Musiklabel um und starteten erst vor Kurzem einen dezenten Relaunch. Durch die Pandemie, in der keine Konzerte stattfinden konnten, konzentrierten wir uns mit dem Label immer stärker aufs Digitale und richteten das ganze Unternehmen immer mehr in diese Richtung aus. Ich bin zuversichtlich, dass sich diese Neuausrichtung zukünftig als richtige Entscheidung erweisen wird, und ziehe mich hier immer weiter aus dem operativen

Geschäft heraus. Oder unsere XOUNTS-Geschichte – die Idee, einen ganz besonderen Lautsprecher zu kreieren, die uns nicht mehr losließ. Viele Jahre hat es gedauert, bis wir eine Strategie entwickelt hatten, wie wir in den Markt einsteigen konnten. Unser erster Versuch scheiterte nämlich. Ursprünglich sollte *Philips* die Produktion, *MediaMarkt-Saturn* den Verkauf und eine Schweizer Firma den Börsengang übernehmen. Wir glaubten bereits an eine großartige Erfolgsstory, als der Börsencrash all unsere Hoffnungen zunichtemachte. Sofort musste ich an Christoph Schlingensief denken, der mit seinem Slogan „Scheitern als Chance" für mich Maßstäbe gesetzt hatte. Wir glaubten weiter an unsere Idee und begannen ohne große Partner von vorne. Eines Tages war sie dann da, die alles entscheidende Idee: Was lag näher, als mit einem Musikabspielgerät zu den Musikern zu gehen? Die sollten den Konsumenten erklären, was das Besondere an diesem Gerät ist. Es hat schon alles Mögliche gegeben, sogar einen Rolling-Stones-Kühlschrank – wobei ich mich bis heute frage, aus welchen Gründen ein Kühlschrank mit einer der größten Rock-Bands gebrandet sein sollte. Aber ein HIFI-Gerät, das mit Musikern gebrandet ist, das ergibt durchaus Sinn und das hat es so auch noch nie gegeben. Auch die von uns ersonnene Form eines Obelisken kam nicht von ungefähr. Sie symbolisierte das Sonnenlicht, das auf die Erde trifft; verband also das Himmlische mit dem Irdischen. Genau das ist Musik für mich! Und dann leuchtet unser Lautsprecher auch noch. Das sind diese assoziativen Geschichten, an denen ich unheimlich viel Spaß habe. Inzwischen stehen wir kurz davor, erneut mit unseren Lautsprechern in die Produktion zu gehen. Als i-Tüpfelchen empfinde ich, dass wir in Amerika mit der Wohltätigkeitsorganisation *MusiCares* einen Partner gefunden haben, die wiederum Business mit sozialem Engagement verbindet. Das sind die Dinge, die meine Projekte ausmachen. Da die Finanzierung mittlerweile steht, müssen wir uns nun über eine Geschäftsführung Gedanken machen. Damit wäre dann auch dieses Projekt übergabefähig.

Ein Start-up wie XOUNTS mit einer recht langen Entwicklungszeit würde ich inzwischen nicht mehr angehen. Natürlich werde ich weiterhin neue Sachen machen – vor allen Dingen, wenn eine gute Idee zugrunde liegt und ein begeistertes Team dahintersteht. Wenn sich innerhalb eines überschaubaren Zeitraums herausfinden lässt, ob eine Idee funktioniert oder nicht, bin ich weiterhin zu allen Schandtaten bereit. Nur längerfristig möchte ich mich nicht mehr binden. Erscheint die Umsetzung einer Idee von vornherein kompliziert und langwierig, würde ich die Finger davonlassen. Ich denke, für jeden Unternehmer kommt irgendwann diese Phase, in der er loslassen muss. Das konnte ich auch bei meinem Vater sehen. Sein beruflicher Erfolg stellte sich erst relativ spät ein. Es gab auch Zeiten, da sah seine unternehmerische Zukunft nicht unbedingt rosig aus und es gab Anlass, zu zweifeln. Aber als er merkte, dass er trotz allem auf dem richtigen Weg war, stürzte er sich umso versessener in die Arbeit. Das Unternehmen zum Florieren zu bringen und immer weiterzuentwickeln, hielt ihn lange Zeit in Atem.

Doch irgendwann musste auch er lernen loszulassen. Ich weiß gar nicht, ob ihm das leicht fiel oder nicht. Sein Glück war, dass er den Otto-Versand bei Michael in guten Händen wusste und dass Alexander explizit auf die ECE-Übernahme hin ausgebildet wurde, also die Übernahme des zweiten Unternehmenszweigs, den mein Vater 1965 begründet hatte. In meinen Augen machte mein Vater in seinem Leben sehr vieles richtig. In der Rückschau war sein ganzes Leben eine Erfolgsgeschichte, alles ging auf, alles funktionierte. Zudem erreichte er ein Alter, in dem er erkennen konnte, dass jedes seiner Kinder auf eigenen Beinen stand und sein Leben meisterte. Dieses Glück ist nicht allen Eltern vergönnt. Er konnte auf alle seine Kinder stolz sein. Wie ich fanden auch meine Geschwister, was sie suchten, denke ich. Zumindest fühlt es sich für mich so an. Wir haben keinen besonders engen Kontakt, wie das vielleicht bei Familien der Fall ist, in denen die Kinder miteinander aufgewachsen sind. Ich bin mir auch nicht sicher, ob sie mir erzählen würden, wenn sie Probleme hätten, aber es scheint zumindest allen gut zu gehen.

Wenn ich darüber nachdenke, geschäftlich kürzerzutreten, heißt das allerdings nicht, dass ich mich zur Ruhe setzen möchte. Ich möchte mir mehr Luft verschaffen, um meine Schwerpunkte zu verlagern und mich intensiver für die sozialen, kulturellen und umweltpolitischen Belange einsetzen zu können, die mir wichtig sind. Der Zukunftsrat, die Meeresstiftung, die Klimawoche – bislang plagt mich ein permanent schlechtes Gewissen, weil ich viel zu wenig Zeit für all das habe. Viele Dinge, die der Erde schaden, geschehen aus Unwissenheit, Bequemlichkeit oder Egoismus. Dem kann Einhalt geboten werden. Zivilisatorisch werden wir einen immer größeren Fortschritt erreichen. Immer mehr Menschen werden in den Genuss von Bildung kommen, werden aufgeklärter sein, bewusster leben. Das gilt nicht sofort für jeden einzelnen, aber langfristig werden es stetig mehr. Auf dieser Grundlage werden wir in der Lage sein, uns immer komplexeren Themen widmen zu können. Daher glaube ich, dass wir unsere Gesellschaft derart transformieren können, dass wir die Dinge tun, die richtig sind. Meiner Meinung nach sind wir durchaus in der Lage, Fake-News von echten Nachrichten zu unterscheiden und der Wahrheit zu ihrem Recht zu verhelfen. Das sind Dinge, die mir eher Hoffnung als Angst machen. Ich glaube an uns Menschen, halte uns für wunderbare Geschöpfe. Wir müssen nur erkennen, dass wir Fehler machen, die wir jedoch abstellen können. Es liegt an uns. Inmitten einer weltumspannenden Pandemie durfte ich erleben, wie die Menschen auf dem ganzen Globus – ungeachtet der politischen Systeme, in denen sie leben – plötzlich zu einer ungeahnten Solidarität fähig waren. Niemals hätte ich es für möglich gehalten, dass in den meisten Systemen finanzielle Interessen dem Wunsch der Unversehrtheit von Mitmenschen untergeordnet werden. Mir drängte sich ganz stark das Gefühl auf, das John Lennon mit „Imagine" ausdrücken wollte: „And the world will be as one". Diesbezüglich hatte ich eine schlechtere Meinung von uns Menschen. Wir haben also den Beweis schon angetreten, dass wir zum Wohle der

Gemeinschaft zu sehr viel mehr in der Lage sind. Diese Gewissheit sollten wir uns jetzt zunutze machen.

Dass wir etwas bewegen können und Dinge zu einem guten Ende führen können, zeigt sich für mich auch am beschlossenen Atomausstieg und damit dem baldigen erfolgreichen Ende unserer politischen Aktion *Lesen ohne Atomstrom*. Was hat dieses Lesefestival für Wendungen genommen! Gestartet war es 2011 als Reaktion auf die *Lesetage* des Energieversorgers *Vattenfall*, der unter anderem auf Atomstrom setzte. Exzellent besetzt mit Günter Grass und Nina Hagen sorgte es von Anfang an für große Aufmerksamkeit. Ursprünglich sollte es eine einmalige Aktion bleiben, doch die Nuklearkatastrophe von Fukushima machte aus einer einzelnen Aktion ein dauerhaftes Engagement. Seither wurde jedes Jahr versucht, das eigene Line-Up des Vorjahres zu übertreffen. Ein Jahr wollte uns die Kuratorin der *Vattenfall Lesetage* bewusst diskreditieren und damit zum Aufhören bewegen. Letztendlich wurde diese Kuratorin von *Vattenfall* höchst selbst gestoppt. Bemerkenswert. Wenn demnächst das letzte Atomkraftwerk vom Netz geht, wird *Lesen ohne Atomstrom* diesen energiepolitischen Abschnitt deutscher Geschichte mit einem letzten Festival würdigen. Ein unglaublich befriedigendes Gefühl.

Ich bin überzeugt, dass jeder die Möglichkeit hat, etwas im positiven Sinn zu verändern, die Welt, in der wir leben, in seinem persönlichen Umfeld ein Stück weit besser zu machen – zwischenmenschlich, politisch, kulturell, sozial. Dafür sollte sich jeder einzelne einsetzen. Nicht für Ruhm, Ehre und Profit, sondern aus Überzeugung und Kulturoptimismus.

Für eine Zukunft, auf die wir uns freuen können. Wir alle hinterlassen eine Spur auf dieser Welt. Nichts geht verloren – weder die Materie, die sich meines Erachtens nur in einen anderen Aggregatszustand verwandelt, noch das Geistige. Jeder Gedanke, den man mit irgendjemandem geteilt hat, ist ein Samenkorn, der keimen und sich entwickeln kann. Er ist Teil eines Prozesses, eines Großen und Ganzen. Sobald dieser eine Gedanke weitergedacht wird, entsteht etwas Neues. Da sehe ich mich als kleines Puzzlestück von ganz vielen, das einfach dazu beiträgt, etwas weiterzuentwickeln. Ich habe mal beim Tauchen etwas Bemerkenswertes erlebt. Da geriet ich in einen Fischschwarm und schwamm eine Zeit lang mit diesem Schwarm mit. Als ich mitbekam, dass mein Tauchpartner ein Problem hatte, änderte ich die Richtung, um aus dem Schwarm hinauszuschwimmen und zu ihm zu gelangen. Allerdings änderte der ganze Schwarm seine Richtung und schwamm mit mir in Richtung meines Partners. Vielleicht ist das eine Metapher dafür, dass man sich selbst gar nicht immer darüber im Klaren sein muss, was die anderen um einen herum denken, ob sie einem folgen oder man ihnen folgt. Wichtig ist, man selbst zu sein und das zu tun, was man für richtig hält. Ob andere einem dann folgen oder aber einen anderen Weg einschlagen, das bleibt jedem selbst überlassen. Ich halte mich schlicht und ergreifend für einen Teil der Gesellschaft. Unter all den Leuten, die Ideen haben, die die Welt verändern wollen und sich engagieren, bin ich einer von vielen. So sehe ich mich – als kleiner Fisch in einem großen Schwarm.

EPILOG

Nun könnte man mir vorhalten, mein Einführungsversprechen „am Ende wird immer alles gut“ nicht gehalten zu haben. Es ist ja noch nicht alles gut. Dazu kann ich nur sagen, dass sich ja auch nur dieses Buch dem Ende neigt, keineswegs endet hier meine und unsere Geschichte. Weshalb mich ein Investmentbanker zum Essen einlud und das Gespräch mit der Frage eröffnete: „Herr Otto, was wollen Sie als Goldfisch eigentlich im Haifischbecken?“, habe ich nicht erzählt. Eine ganze Reihe meiner Unternehmen sind im Buch gar nicht erwähnt, etliche meiner feinsinnigen, humorvollen und tüchtigen Geschäftspartner habe ich nicht vorgestellt. Das gleiche gilt für unglaublich engagierte Mitstreiter in zahlreichen weiteren sozialen und kulturellen Einrichtungen, die unerwähnt geblieben sind. Dieses Buch erzählt von dem Weg zu einer Haltung, die natürlich überall dort zum Tragen kommt, wo ich bin. Auch die letzten zehn Jahre empfand ich noch als zu aktuell, um eine Einordnung als Wegbeschreibung vornehmen zu können. Der Leitspruch meines Vaters, „Panta Rhei“ – alles fließt –, beschreibt diesen Gegenwartszustand sehr treffend. Sogar das Wichtigste und Kreativste in meinem Leben, meine Kinder, habe ich lediglich erwähnt. Sie sollen ihre eigene Persönlichkeit entwickeln und nicht unter meiner „Selbstöffnung“, so heißt das im Juristendeutsch, leiden müssen.

Auf sonderbare Weise hat mich mein Leben an Orte und Menschen geführt, die heute aus unterschiedlichen Blickwinkeln Geschichte geworden sind. Durch die plötzliche Herabsetzung des Erwachsenenalters, der Volljährigkeit von

21 auf 18 Jahre, nahm mein scheinbar vorgezeichnetes Leben erstaunliche Wendungen. Das Postulat der APO-Generation, „auch das Private ist politisch“, traf nun auf ein Internatskind, das Wohngemeinschaften als die normale Lebensform erlebte. Niederlagen, Ängste, Wünsche und Erfolge – alles wurde gemeinschaftlich geteilt. Genau so möchte ich mit diesem Buch verstanden werden, auch meine Geschichte gehört uns allen.

PARTNER
Naturpark
Nossentiner/Schwinzer Heide
www.optimal-media.com/naturschutzprojekt-001

Partner des Naturparks
Nossentiner/Schwinzer Heide

Da in manchen Fällen die Inhaber der Fotorechte nicht festzustellen waren, verpflichtet sich der Verlag, rechtmäßige Ansprüche nach den üblichen Honorarsätzen zu vergüten.

Zugunsten der besseren Lesbarkeit wurde im Text das generische Maskulinum verwendet. Sämtliche Personenbezeichnungen gelten für alle Geschlechter.

Edel Books
Ein Verlag der Edel Verlagsgruppe

Co-Autorin: Melanie Köhne
Projektkoordination: Dr. Marten Brandt
Coverfoto: Enes Kucevic
Layout und Satz: Datagrafix GSP GmbH, Berlin | www.datagrafix.com
Gestaltung von Umschlag und Bildstrecke: Groothuis. Gesellschaft der Ideen und Passionen mbH | www.groothuis.de
Lithografie: Frische Grafik, Hamburg
Druck und Bindung: GGP Media GmbH, Pößneck

MIX
Papier aus verantwortungsvollen Quellen
FSC
www.fsc.org
FSC® C014496

Printed in Germany

ISBN 978-3-8419-0742-4